老子 道德經

노자
도덕경

老子 道德經

노자
도덕경

노자 지음 | 남만성 옮김

을유문화사

옮긴이 **남만성** 南晩星

연희전문학교 문과를 나와 법제처 법령정리위원회 및 법제조사위원회 전문위원, 민족문
화추진회 및 세종대왕기념사업회 번역위원을 역임했다. 옮긴 책으로는 『경국대전』, 『대
명률직해』, 『역경』, 『손자병법』, 『동경대전』 등이 있다.

老子 道德經
노자 도덕경

발행일
2015년 7월 25일 초판 1쇄
2023년 3월 25일 초판 3쇄

지은이 | 노자
옮긴이 | 남만성
펴낸이 | 정무영, 정상준
펴낸곳 | ㈜을유문화사

창립일 | 1945년 12월 1일
주소 | 서울시 마포구 469-48
전화 | 02-733-8153
팩스 | 02-732-9154
홈페이지 | www.eulyoo.co.kr

ISBN 978-89-324-7312-3 03190

서문

바다를 보지 않은 사람은 물을 말할 수 없다. 『노자(老子)』를 읽지 않고는 고전(古典)을 말할 수 없다.

『노자』는 고전 중의 고전이다. 『노자』는 지금으로부터 대략 이천 수백 년 전인 중국 춘추 시대(春秋時代)의 저서로 추측된다.

오천 몇 글자에 지나지 않는 이 작은 책은 그 장구한 세월을 통하여 한결같이 고전의 왕좌를 지켜왔다.

그 동안 인류의 역사는 이루 말할 수 없는 번복과 변천을 거듭하였다. 그 숱한 전쟁을 치르었으며, 그 많은 국가들이 일어나고 사라지곤 하였다. 시대는 바뀌고 문화는 전진하였다. 인류의 사고(思考)와 생활은 엄청나게 양상을 달리하였다. 무수한 사람들이 오고 갔다.

그러는 동안에 많은 저서(著書)도 있었고, 많은 철학도, 사상도 있었다. 그러나 그 대부분은 반딧불처럼 잠깐 반짝하고는 이내 사라져 버리거나 흐릿하게 빛을 잃었을 뿐이다.

그러나 『노자』만은 그렇지 않다. 옛사람들도 읽고 뒷세상 사람들에게도 읽혀졌다. 평화 시대에도, 전쟁 때에도 『노자』는 변함없이 읽혀져 왔다. 구세대에서도 신세대에서도, 현대라는 오늘에도 『노자』는 읽혀진다. 동양 사람만이 아니라 서양 사람들에게도 『노자』는 고전으로서 의젓이 군림하고 있다.

이것은 우연한 일일 수가 없다. 『노자』에는 어딘가 인간의 마음속 깊숙한 구석에 울림을 주는 참(眞)이 있기 때문이 아닐까. 노자는 사람을 깊은 사색 속으로 몰입(沒入)시킨다. 허전한 현대인의 가슴에 무엇인가를 준다. 현대를 사는 우리들이 『노자』를 읽어야 할 이유는 여기에 있는 것이다.

필자는 여기에서 『노자』란 어떤 책인가, 노자의 사상이란 어떤 것인가를 윤곽이나마 소개해야 할 의무감 같은 것을 느낀다. 그러나 『노자』는 바다처럼 크고 아득하여서 이것을 단적으로 설명할 능력이 필자에게 없다. 다만 그중의 가장 중요하다고 생각되는 몇 가지만을 적어 두기로 한다.

1.『노자』는 중국 춘추 시대의 이이(李耳)라는 사람의 저서라는 것이 통설이다. 사마천(司馬遷)의 『사기(史記)』 '열전(列傳)' 속에 '노자는 초(楚)나라 고현(苦縣) 사람이다. 이름은 이(耳), 자는 담(聃), 성은 이씨(李氏)……'라고 하였다. 노자(老子)의 노(老)는 늙었다는, 또는 장로(長老)의 뜻을 나타내는 것이고, 자(子)는 공자(孔子)니 맹자(孟子)니 하는 자(子)와 같은 것으로 존칭인 것이다. 늙은 선생님이라는 뜻일 것이다. 이 노선생(老先生)의 저서가 바로 『노자』이다. 『노자』는, 이이가 살고 있던 고현을 떠나 먼 시골에서 숨어 살기 위하여 함곡관(函谷關)을 지나갈 때에 관소(關所)를 지키던 윤희(尹喜)의 간청에 좇아 지은 유일한 저서라고 한다. 상·하 두 편, 전문 81장으로 되어 있다. 글은 간결하고 뜻은 깊다. 운문체(韻文體)를 주축으로 한 멋진 스타일의 문장이라는 것이 정평이다.

2.『노자』의 다른 이름은 '도덕경(道德經)'이다. 노자가 시종일관 도덕을 말하고 있기 때문이다. 노자에 있어서 도(道)는 본질이고, 덕(德)은 그 작용으로 해석된다. 그러니 노자의 사상의 근본은 도(道)에 있다. 노자가 말하는 도(道)는 유교(儒敎)의 도덕과는 차원을 달리한다.

유교의 도덕은 어디까지나 인간을 인간 자신의 위치에서, 즉 일상생활에서 떳떳이 지켜야 할 도리를 설교한 실천 도덕이며 일종의 처세훈이다. 그러므로 유교 도덕은 인간의 안에 존재하는 규범이다.

그러나 노자의 도는 인간을 인간보다 높은 위치에서 굽어보며 더 높고, 더 깊고, 현묘하고 근원적인 곳에서 인간 이전의, 인간 이상의 본질을 살피려고 한다. 노자가 말하는 도는 우주의 근본이며, 천지 만물의 시초이며 원리인 것이다. 천지의 운행을 비롯하여 인간의 존재와 삶은 다 이 원리에 순응하여 자연스럽게 운영되어야 한다는 것이다. 여기에 노자의 철학적인 깊이가 있는 것이 아닐까 생각된다.

3. 노자의 사상에서 가장 특색인 것은 무위(無爲)와 자연(自然)이다. 인간의 모든 것을 도(道)에 순응하는 것만으로 만족한 것이다. 하찮은 인간의 지혜로 작위(作爲; 사실은 그렇지 않은데도 그렇게 보이려고 여러 수단을 취함)하는 것은 부자연(不自然)한 것이다. 그는 "부자연한 일은 하늘도 이것을 지속하지 못한다. 하물며 사람은?"이라고 말하였다. 이것은 크게 인간의 모든 것을 포함한 말이기는 하나 실은 정치(政治)의 도(道)를 말한 것이다.

『노자』는 일면으로 보면 정치의 이상(理想)을 그린 정치서(政治書)이다. 인간 노자가 살던 시대는 봉건 질서의 중심인 종주국(宗主國)으로서의 주(周)나라가 쇠미해지고 여러 제후들이 제각기 패권(覇權)을 다투어 침략과 전쟁을 일삼던 때이므로 백성들은 전쟁에 끌려가고, 부역에 울고, 가렴주구에 시달리고, 추위와 굶주림 속에 헤매었다. 그러한 상황을 바라보는 사상가 이이(李耳)는 마음으로 '제발 좀 백성들을 제대로 살게 내버려 두어 주었으면, 그 간섭 좀 그만두었으면 좋으련만'하고 탄식하였을 것이다. 이것이 바로 노자의 무위자연의 정치사상을 자극한 것이나 아닐까. 그러기에 그는 큰 나라를 다스리는 것은 작은 생선을 삶는 것과 같다고 하였다. 가만히 내버려 두라는 뜻이다. 그는, 최상의 군주(君主)는 백성들이 군주가 있다는 사실을 알 뿐이라고 하여, 이상적인 군주상(君主像)을 그리기도 하였다. 백성들은 군주가 무엇을 하는지, 자기들과 무슨 관계가 있는지 알지 못한다. '공을 이루고 일이 성취되면 백성들은 다 내가 저절로 그렇게 되었다고 말한다'고 하였다.

그러나 무위(無爲)의 정치사상은 노자가 창설한 것이 아니다. 동양에서는 이미 요순시대부터 무위이치(無爲而治)를 최고의 정치로 숭앙하여 왔던 것이다. 다만 그 근원을 어디에 두었는가가 다를 뿐이다.

4. 또 노자는 무(無)·허(虛; 빈 것)·정(靜; 고요함)·유약(柔弱)·소
박(樸)을 높이 평가하고 있다. 약간의 설명을 붙이기로 한다.

무(無) ― 천지 만물은 유(有)에서 나오지만 그 유는 무에서
나온다. 무는 유의 어머니며 천지 만물의 근원이라고 생각한다.

허(虛) ― 도(道)는 항상 비어 있어 차(盈)는 일이 없다. 그러나
써서 다하는 일이 없다고 하였다. 빈 것이 도(道)의 모습임을 찬
양하였다. 골짜기는 비었기 때문에 온 시내의 물들이 모여 온다
고 하여, 노자는 즐겨 계곡을 도(道)의 상징으로 썼다.

정(靜) ― 고요함을 지키기를 돈독하게 하면 만물이 왕성하게
생성한다고 하였으며, 고요함은 조급한 것을 다스린다고도 하
였다. 도는 항상 고요하고 안정한 상태로 있다. 천지를 운영하고
만물을 생성화육(生成化育)하게 하지만 소란하거나 야단스럽게
굴지 않는다. 언제나 고요할 뿐이다. 여기에서도 소란스럽던 시
대에 살던 노자의 염원(念願)의 일면이 나타난 것이 아닌가 생각
된다.

유약(柔弱)한 것을 항상 찬양한다. 그러기에 물을 찬양하고,
암컷(牝)을 칭찬한다. 물은 부드럽고 약하지만 천하에 무보다 강

한 것은 없다고 하였으며, 암컷은 유약하고 고요하면서도 강한 수컷을 이긴다고 했다. 살아 있는 것은 부드럽고, 죽은 것은 단단하다고도 하였다. 소란스럽고 안정되지 못한 세상에서 유약을 정치의 도로 생각하였던 것은 차라리 당연한 결론이라고 할 수도 있을 것이다.

박(樸)—소박(樸)은 도(道)의 순수한 원형을 상징한다. 박(樸)이란 산에서 베어 온 그대로 손질하지 않은 원목(原木)이라는 뜻이다. 사람이 이 박의 상태로 돌아가는 것은 곧 도에 복귀하는 것이다. 그러므로 박은 바로 도인 것이다. 천하에 박을 신하로 부릴 사람은 없다고 하였다. 다시 말하면 도를 명령하고 제 뜻대로 부릴 수는 없다는 뜻이다.

이 소박을 높이 칭찬하고 무위자연을 이상으로 하는 정치사상은 백성을 순박하고 어리석은 사람으로 만들어야 한다는 결론에 도달한다. 노자는 '옛날에 정치를 잘한 이는 백성들을 현명하게 만든 것이 아니고 어리석게 만들었다'고 하였다. 이 말 때문에 노자는 우민 정치(愚民政治)를 주장한다는 비난을 받기도 했다. 그러나 그것은 약삭빠른 재주꾼을 만들지 말고 순수하고 소박한 사람이 되게 하여야 한다는 뜻일 것이다.

노자를 위하여 한마디 변명하고 넘어가야 할 것이 있다. 노자의 무위자연의 정치사상이란 현대인에게는 비판을 받아야 할, 실정에서 먼 이야기로 규정될 수 있을 것이다. 사회의 구조와 인류의 생활, 정치가 처리하여야 할 사항이 복잡하고 광범위해진 현대에 있어서 이 이천 수백 년 전의, 작위하지 말고 자연에 맡기라고 한 노자의 정치사상을 그대로 추종해야 한다고 주장할 용감한 사람은 아마 없을 것이다. 거기에는 당연히 현대적인 비판이 있어야 할 것이다. 그러나 하나하나 간섭하지 말고 자연스럽게 맡겨 두라는 말에는 오늘날에도 일면의 진리가 있는 것이 아닐까 하고 생각된다. '자연스럽게'라는 말은 어딘가 매력을 느끼게 한다. 무위자연의 정치란 실은 그저 멍청한 상태로 있으란 말이 아니다. 노자는 제63장에서 스스로 그것을 뚜렷이 밝히고 있다. '어려운 일은 쉬울 때에 처리하고, 큰일은 미세할 때에 해결하라, 천하의 어려운 일은 반드시 쉬운 데서부터 일어나고, 천하의 큰일은 반드시 미세한 데서부터 시작된다' 고 하였다. 일의 조짐이 보일 때에, 혹은 미연에 다스려 두라는 것이다. 미연에 방지하거나 혹은 아주 작은 시초에 다스린다면 쉽게 성취되어 아무 하는 일이 없는 것과 같은 것이다. 천하 사람들이 알도록 크게 작위하지 않아도 된다. 이미 작위를 인식하기에 이르게 되면 자연스러울 수는 없다는 것이다. 이것이 바로 노자의 무위자연의 정치사상의 밑바닥인 것이다. 분명히 진리의 일면이 있음을 수긍할 수 있다.

5. 『노자』는 위에서 말한 것처럼 말은 간략하나 뜻은 크고 깊다. 그래서 이렇게도 저렇게도 생각할 수 있는 것이 많다. 동서고금을 통하여 수많은 학자들이 주석(註釋)을 달고 해의(解義)를 시도하였다. 어떤 부분에 이르러서는 아주 정반대의 주석을 내리고 있다. 서로 다른 견해를 보인 부분은 이루 다 지적할 수 없을 만큼 많다. 그러나 그 어느 것도 다 노자의 일면을 나타내지 않는 것은 없다. 어느 것이 꼭 맞고 어느 것이 크게 틀렸다고 단정할 수는 없다. 노자는 그만큼 크고 깊어서 보는 사람, 느끼는 사람의 견해마다 노자적인 뉘앙스를 부여하고 있기 때문이다.

필자가 외람되게 노자의 역해를 시도한 것은 무모한 일인지도 모르겠다. 많은 오역(誤譯)과 그릇된 견해를 범하였을 것이 두렵다. 그러나, 내 딴에는 성의를 기울였으며 독단하지 않으려고 노력하였다. 설혹 잘못된 것이 있더라도 『노자』 그것의 무게에 손상을 주지는 못하였을 것을 믿고 스스로 위안한다. 노자는 바다 같이 호대(浩大)하다. 조그마한 흐린 물이 섞여 들어갈

지라도 바다는 항상 푸르기 때문이다.

『노자』를 처음 읽는 이는 조금 어리둥절할지도 모르리라. 그러나 읽어가는 동안에 노자의 분위기에 젖게 될 것이다. 이 변변치 못한 『노자』의 역해가 현대인과 노자 사이에 무엇인가 대화가 있게 하는 계기가 될 수 있다면 영광이 되겠다. 선배들의 기탄없는 질정(叱正)을 빌면서 서(序)에 대신한다.

무학산장(無鶴山莊)에서

남만성(南晚星) 씀

차례

서문 ·5

 도경(道經)

덕경(德經)

제1장

　말로 표현할 수 있는 도(道)는 영원불변(永遠不變)의 도가 아니다.

　이름 붙일 수 있는 이름은 영원불변의 이름이 아니다.

　이름 없는 것은 천지의 처음이고, 이름 있는 것은 만물의 어머니다.

　그런 까닭에 상무(常無)에서 그 지극히 미묘한 것을 보고자 하고, 상유(常有)에서 그 귀착을 보고자 한다.

　이 유(有)와 무(無) 두 가지는 '같은 것'에서 나와서 이름이 다를 뿐이다.

　그 '같은 것'을 유현(幽玄)이라고 한다. 유현하고 또 유현하여 모든 미묘한 것이 나오는 문이다.

道可道非常道 名可名非常名 無名天地之始 有名萬物之母 故
常無欲以觀其妙 常有欲以觀其徼 此兩者同出而異名 同謂之
玄 玄之又玄 衆妙之門

註解 ────────────────────────

- 상도(常道) : 항상 변함이 없는 도(道). 즉 영원불변의 도.
- 상명(常名) : 항상 변함이 없는 이름. 즉 영원불변의 이름.
- 묘(妙) : 미묘한 것. 지극히 미묘한 것. '妙者微之也'
- 요(徼) : 끝. 결말. 귀착. '徼歸終也'
- 현(玄) : 그윽하고 신비한 것. 아득하고 심오한 것.
- 중묘(衆妙) : 온갖 미묘한 것.

────────────────────────

•解義•

이제 우리가 도덕경(道德經)을 읽기 시작한다.

위대한 철학가 노자(老子)의 사상이 어떤 것인가를 알기 위해
서는 전적으로 도덕경에 의존하지 않을 수 없다. 도덕경은 노자
가 남긴 단 하나의 저서이기 때문이다.

그런데 도덕경은 처음부터 끝까지 도(道)로 일관하고 있다. 도

덕경은 그야말로 도에서 시작하여 도에서 끝난다. 그러니 노자의 사상은 도의 사상이다.

노자의 사상을 올바르게 이해하기 위하여 우리는 먼저 노자가 말하는 도(道)라는 것이 과연 어떤 것인가를 이해하여야 하겠다.

이 도덕경 제1장은 그러한 도의 본질을 이야기한 것이다. 그러므로 이 장은 노자 사상의 근본이다. 도덕경의 5천여 글자, 81장의 모든 이야기는 여기에서 출발하고 또 여기에 귀일(歸一)한다. 이것은 총론(總論)이며 또 결론이기도 하다.

노자가 말하는 도는 유교(儒敎)에서 말하는 도와는 그 차원을 달리한다.

유교에서 말하는 도·도덕이니 하는 것은 인간의 실천 도덕(實踐道德)을 말한다. 일종의 처세훈(處世訓)이다. 사람이 사람으로서 지켜야 할 올바르고 선량한 행동의 규범을 의미한다. 그러므로 유교에서 말하는 도는 인도(人道), 즉 사람의 도리라고 할 수 있다.

그러나 노자가 말하는 도는 그것이 아니다. 노자가 말하는 도는 천도(天道)의 근원을 말한다. 즉 천지의 운행(運行)을 있게 하는 본질을 가리킨다. 그러기에 노자는 도가 천지보다 먼저 존재했다고 생각한다. 그는 이렇게 말하고 있다.

"이것이 도다. 이러이러한 것이 도다'라고 표현할 수 있는 것은 영원불변의 도가 아니다."

도는 눈으로 볼 수도, 귀로 들을 수도, 손으로 만져 볼 수도 없는 것이다. 따라서 형용할 수도 없는 것이다. 우리가 감각할 수도, 형용할 수도 없는 도를 어떻게 말로 표현할 수 있겠는가. 그것은 오직 신비할 뿐이다. 만일 세상에서 하는 것처럼 부모에게 효도는 이렇게 해야 하고, 부부간에는 이러저러한 도리를 지켜야 하고, 임금에게는 어떻게 충성하고, 국가에 대하여는 어떻게 하여야 한다, 이렇게 설명할 수 있는 것을 도라고 한다면, 그것은 영원히 변치 않는 도일 수 없다. 옛날의 효도와 오늘의 효도는 다르며, A라는 나라의 부부도덕(夫婦道德)이 B라는 나라에서는 부도덕(不道德)일 수도 있는 것이다. 그런 것은 노자가 말하는 도가 아닌 것이다.

또 이름을 붙일 수 있는 이름은 영원한 이름일 수 없다고 하였다.

도는 설명할 수 없을 뿐만 아니라, 이름 지을 수 없는 것이다. 노자가 생각하는 도는 천지가 있기 이전부터 있는 것으로 빈〔虛〕 것이며, 무(無)인 것이며, 존재 아닌 존재이기 때문에 무엇이라고 이름 붙일 수 없다는 것이다. 그저 그것은 크고 영원한 것이다.

노자는 제25장에서 "나는 그것의 이름을 알지 못한다. 그래서 자(字)를 '도(道)'라고 지어 부른다. 억지로 이름을 붙여 '큰 것[大]'이라고 한다"고 하였다. 그러니 도(道)라는 말도 실은 도의 이름은 아니다. 노자가 이름 대신 부르는 자(字)일 뿐, 노자도 감히 그것을 이름 짓지 못하고 '큰 것'이라고만 생각하였던 것이다.

그는 또 "이름 없는 것은 천지의 처음이고, 이름 있는 것은 만물의 어머니다"고 하였다. 이름 없는 것은 도를 가리킨 것이고, 이름 있는 것은 하늘과 땅을 일컬은 것으로 생각된다.

그러니 노자는 천지가 아직 생기기 전에 이름 없는 시원(始元), 즉 도가 먼저 존재하여 그 도에서 천지라는 유형(有形)한 것이 생기고, 이미 유형하기 때문에 하늘이니 땅이니 하는 이름이 있게 되었으며, 그 형체가 있고 이름 있는 천지가 있은 뒤에 만물이 생성하였다고 생각한 것이다. 그는 우주의 창조 과정을 도 → 천지 → 만물, 이렇게 단계적으로 생각한 것이다. 이러한 사상은 『구약 성서』에 나오는 하나님의 천지 창조의 설화와, 『역경(易經)』에서 태극(太極)이 양의(兩儀―천지)를 낳았다고 한 학설 등과 비교하면 재미있다. 어쨌든 노자는 도를 천지보다 더 큰 시원(始元)으로 생각한 것이다.

그래서 그는 상무(常無), 즉 영원한 무(無), 영원히 형용할 수도, 감각할 수도, 이름 지을 수도 없는 도에서 지극히 미묘한 작용을 보고자 하고, 상유(常有), 즉 영원불멸의 존재인 천지에서 천지만물의 귀착을 보고자 한다고 하였다.

도가 아니면 천지가 형성될 수 없고, 천지가 아니면 도는 작용을 나타낼 수 없는 것이다.

도가 본질이라면 천지 만물은 현상이며 작용인 것이다.

그러므로 무형의 도와 유형의 천지는 실은 다 그 근본이 같은 것이다. 무(無)니, 도니, 천지니 하고 이름이 다를 뿐 근본은 같은 것에서 나왔다는 것이다.

그 '같은 것'이라는 것은 어떤 것인가. 그것은 그윽하고 신비한 것으로서, 모든 미묘하고 심오한 것이 거기에서 나온다. 그것이 바로 노자가 생각하는 도라는 것이다.

제2장

　천하 사람들이 다 아름다운 것을 아름답다고 알지만 그것은
추악한 것이 있기 때문일 뿐이다. 모두 착한 것을 착하다고 알지
만 그것은 불선(不善)이 있기 때문일 뿐이다.

　그런 까닭에 있는 것과 없는 것은 서로가 낳는 것이고, 어려
운 것과 쉬운 것은 서로가 성립시키는 것이다. 긴 것과 짧은 것
은 서로 형태를 드러내기 때문이며, 높은 것과 낮은 것은 서로
의 고하(高下)가 가지런하지 않기 때문이다. 음(音)과 성(聲)은 서
로가 있어야 조화를 이루고, 앞과 뒤는 앞이 있어야 뒤가 따르
는 것이다.

　그런 까닭에 성인(聖人)은 작위(作爲)함이 없이 일을 처리하고,
말하지 않고 가르침을 행한다.

'천지자연'은 만물을 활동하게 하고도 그 노고를 사양하지 아니하며, 만물을 생육(生育)하게 하고도 소유하지 않는다.

일을 하고도 자랑하지 않고, 공을 이루고도 자기 공로라고 생각하지 않는다. 자기의 공로라고 자처하지 않기 때문에 공은 그에게서 떠나가지 않는 것이다.

•原文•

天下皆知美之爲美 斯惡已 皆知善之爲善 斯不善已 故有無相生難易相成 長短相較 高下相傾 音聲相和 前後相隨 是以聖人 處無爲之事 行不言之敎 萬物作焉而不辭 生而不有 爲而不恃 功成而弗居 夫唯弗居 是以不去

註解 ─────────────────────────

- 이(已): ……일 뿐이다.
- 경(傾): 기울다. 가지런하지 않은 것.
- 처무위지사(處無爲之事): 처(處)는 처리한다는 뜻이니, 작위(作爲)하지 않고 자연에 맡겨 일을 처리한다는 뜻.
- 사(辭): 사양하다, 사절한다는 뜻.
- 불유(不有): 소유하지 않는다는 뜻.
- 시(恃): 자랑하다.

• 불거(弗居): 자처하치 않는다는 뜻.

• 解義 •

제1장에서 영원불변의 도는 형체도 없고 형용할 수도 없으며, 이름 지을 수도 없는 것임을 말하였다. 그것은 도의 본질을 말한 것이다.

제2장에서는 그 도의 작용에서 나타나는 현상(現象)의 상태를 말하고 있다. 도의 본질은 영원불변의 절대적인 것이지만 현상의 세계는 모든 것이 상대적이다.

이미 이름이 있고, 형체가 있고, 빛이 있고, 소리가 있으면, 그것들 상호간에는 저절로 비교가 생기고, 비교가 생기면 차별과 우열(優劣)이 있게 마련인 것이다.

그러므로 천하 사람들이 평정(評定)하는 우열은 오직 비교에서 오는 상대적인 관념에 불과한 것이다. 그러기에 천하 사람들이 아름답다고 하는 것은 실은 아름답지 않은 것과의 비교에서 오는 것이고, 선(善)은 불선이 있기 때문에 드러나는 것이다. 그러기에 유(有)와 무(無)는 서로 낳는 것이다. 즉 유가 있기 때문에 무가 있고, 무가 있기 때문에 유가 있는 것이다. 어려운 것과 쉬운 것, 긴 것과 짧은 것, 높은 것과 낮은 것도 다 그러한 상대적인 비교에서 온다. 음(音)과 성(聲)은 서로가 있어야 조화를 이루고, 앞이 있어야 뒤가 있는 것도 모두 같은 논리로 설명할 수 있는 것이다.

결국 이러한 현상 세계의 천차만별은 모두가 비교에서 생기고, 그 비교는 이름이 있고, 형체가 있고, 감각할 수 있는 유(有)에서 오는 것일 뿐이다. 어느 한쪽만 편애(偏愛)할 수는 없다.

그러므로 성인은 무위자연의 도에 순응하여 작위함이 없는 정치를 행하고, 말 없는 교화로 감화시켜서 모든 것이 제각기 마땅한 바를 얻게 한다.

천지자연은 만물을 활동하게 하고도 그 노고를 사양하지 않으며 만물을 낳아 기르고도 소유하려 하지 않는다. 일을 하고도 자랑하거나 자기 공이라고 생각지 않는다. 그렇기 때문에 공은 영원히 그에게서 떠나지 않는 것이다.

성인이 무위의 정치를 하기 때문에 천하가 저절로 다스려지는 것이고, 천지가 자연스럽기 때문에 만물을 생성화육(生成化育)시키는 것이다. 그리고 항상 겸허하여 자처함이 없기 때문에 공은 영원한 것이라고도 하였다.

무위자연의 도가 위대하다는 것을 다시 한 번 강조한 것이다.

제3장

현능(賢能)한 것을 소중히 여기지 않으면 백성들은 경쟁하는 일이 없게 될 것이다.

얻기 어려운 재보(財寶)를 귀중히 여기지 않으면 백성들은 도둑질하는 일이 없을 것이다.

욕망을 자극할 만한 것을 보지 못하게 하면 백성들의 마음은 어지러워지지 않을 것이다.

그런 까닭에 성인(聖人)이 나라를 다스리는 도리는, 백성들의 마음은 비(虛)게 만들고 그들의 배는 부르게 만들며, 그들의 '무엇을 해보겠다고 하는' 의지의 힘은 약하게 만들고, 그들의 체격은 건장하게 만든다.

항상 백성으로 하여금 지혜도 없고 욕망도 없게 만든다.

지혜가 있는 자가 있을지라도 그로 하여금 감히 작위(作爲)하지 못하게 한다. 작위함이 없는 정치를 하면 다스려지지 않는 것이 없게 된다.

•原文•

不尙賢 使民不爭 不貴難得之貨 使民不爲盜 不見可欲 使民心不亂 是以聖人之治 虛其心 實其腹 弱其志 强其骨 常使民無知無欲 使夫智者不敢爲也 爲無爲則無不治

註解 ─────────────────

- 상(尙): 숭상하다. 소중하게 여기다.
- 쟁(爭): 다투다. 여기에서는 경쟁한다는 뜻이다.
- 가욕(可欲): 욕심낼 만한 것. 욕심을 자극하는 물건.
- 허기심(虛其心): 기(其)는 백성을 가리킨 것이니, 백성들의 마음을 텅 비게 만든다는 뜻. 즉 지식도 욕망도 없는 마음이 되게 하는 것.
- 실기복(實其腹): 백성들의 배를 부르게 만들어 주는 것.
- 약기지(弱其志): 백성들의, 무엇을 해 보려고 하는 의지를 약하게 만드는 것.
- 강기골(强其骨): 백성들의 골격을 튼튼하게 만드는 것. 즉 신체를 건장하게 만드는 것.
- 지자(智者): 지식이 있는 자. 지혜 있는 자.

• 위무위(爲無爲) : 무위(無爲), 즉 작위(作爲)함이 없는 정치를 한다는 뜻.

• 解義 •

여기에는 현능(賢能)한 자라고 말한 것은 두 가지로 나누어 생각할 수 있다. 그 하나는 진정 지혜 있고 재능이 뛰어난 좋은 의미의 인사(人士)이고, 다른 하나는 눈치 빠르고 영리하고 빈틈 없으나 진실성이 없는 그런 사람인 것이다.

노자의 정치사상은 자연에 순응할 뿐 인위적으로 작위하는 것을 싫어한다. 백성들이 지혜 있는 사람이 되기를 바라지 않을 뿐 아니라, 치자(治者)의 지위에 있는 자가 지혜와 재능을 구사(驅使)하여 잘 다스려 보겠다고 하는 것은 더욱 싫어한다. 그러므로 노자는 치자(治者)·피치자(被治者)를 가리지 않고 지혜 있는 자, 이른바 현능한 자를 싫어한다. 그것이 비록 좋은 의미의 진정으로 현능한 인사일지라도 노자는 그것을 싫어한다. 하물며 믿음성이 없는 약삭빠른, 영리한 사람이야 말해 무엇하겠는가. 그러기에 노자는 제18장에서 "지혜라는 것이 생기니 큰 거짓이 있게 되었다(智慧出有大僞)"라고 하였고, 제65장에서는 "지혜를 가지고 나라를 다스리는 것은 나라의 적(以智治國 國之賊)"

이라고까지 말하였다.

노자의 이러한 정치사상은 당시의 사회 상태를 보며 이해할 수 있다. 그 당시는 고대 중국의 춘추 시대(春秋時代)로서, 그때 천자의 나라인 주(周)나라는 쇠약하여 종주국(宗主國)의 권위가 없고, 중국 천하는 12개국의 여러 나라로 나누어져 다투어 무력을 숭상하고 침략을 일삼으며, 각자의 나라를 남보다 강대국으로 만들기 위하여 온갖 지혜 있고 재능 있고 권모술수(權謀術數)에 능한 자를 다투어 등용하려고 하는 풍조가 휩쓸고 있을 때였다. 결과는 드디어 제자백가(諸子百家)니, 백가쟁명(百家爭鳴)이니 하는 상태에까지 이르렀던 것이다.

그러한 어지러운 세상에서 노자는 오직 고대의 치자(治者)는 무위(無爲)의 정치를 하고, 백성들은 어리석고도 소박하던 시대의, 즉 자연 그대로의 정치에 복귀하지 않고는 인간은 구제될 수 없다고 생각하였던 것이다. 그렇게 어지러워지는 세상은 다 인간의 욕망과, 욕망을 충족하기 위한 재능과 지혜라는 것이 있기 때문이라고 생각하였을 것이다. 그래서 그는 "현능한 것을 소중히 여기지 않으면 백성들은 저도 현능한 자가 되겠다고 경쟁하지 않을 것"이라고 하였다.

또 얻기 어려운 재보(財寶)를 귀중히 여기지 않으면 백성들도 도둑질하는 일이 없을 것이라고 하였다. 그 당시의 세태가 재물에 얼마나 욕심을 부렸던가는 우리가 상상할 수 있다. 침략과 전쟁을 일삼는 곳에, 백성의 생활이 도탄에 빠졌을 때에, 국가와 백성들이 재물을 탐내고 욕심을 부렸을 것은 너무나 당연한 일이 아니었겠는가.

그래서 그는 백성이란, 생각하지도 말며 무엇을 하겠다는 의지도 갖지 말게 하고 오직 배부르게 먹고 몸이나 건강하게 하여 지혜도 없고 욕망도 없게 만들어야 한다고 하였다. 그리하여 지혜가 있다는 자들이 감히 무엇을 해 보려고 나서지 못하게 만들어야 한다는 것이다. 그것을 무위(無爲)의 정치라고 하며, 무위의 정치가 행해지게 되면 나라는 반드시 잘 다스려질 것이라고 여긴 것이다.

제4장

도는 빈 그릇이다. 그러나 '거기에서 얼마든지 퍼내서' 사용할 수 있다. 또 언제나 넘치는 일이 없다. 깊고 멀어서 천지 만물(天地萬物)의 근원을 이루고 있다.

그 예리한 것을 꺾고, 어지러운 것을 풀며, 그 광선을 부드럽게 하여 티끌(塵)과도 함께 하건만 또한 그 맑음이 항상 그대로 존재하는 것 같다.

나는, '도(道)라는 것이' 누가 낳은 아들인지 알지 못한다. 그러나 그 상(象)은 천지를 주재(主宰)하는 상제(上帝)보다도 먼저부터 있었다.

•原文•

道沖 而用之 或不盈 淵兮似萬物之宗, 挫其銳 解其紛 和其光
同其塵 湛兮似或存 吾不知誰之子 象帝之先

註解 ————————————————————————

- 충(沖): 충(沖)은 충(盅)의 차자(借字)로서 빈 그릇을 뜻한다.
- 혹(或): 상(常)과 같은 것이니 언제나, 항상이라는 뜻이다(河上公註).
- 연혜(淵兮): 심원(深遠)함.
- 종(宗): 근본.
- 분(紛): 문란한 것. 뒤헝클어진 것.
- 화(和): 부드럽게 함. 흐리게 함.
- 담혜(湛兮): 맑음. 징청(澄淸).
- 상(象): 같다는 뜻. '象似也'(李約).

•解義•

　이 장에서는 제1장에서 말한 '상무(常無)에서 그 지극히 미묘
한 것을 본다'고 한 것을 부연하고 있다.

　도(道)는 빈 그릇이라고 하였다. 도는 눈으로 볼 수도, 귀로 들
을 수도, 손으로 잡을 수도 없다. 그러니 도는 빈 것이며 무(無)

인 것이다. 그러나 거기에는 우주의 모든 것을 담고 있다. 그러니 그릇 중에도 큰 그릇이 아닐 수 없다.

그렇게 도라는 그릇은 비었으면서도 안 담은 것이 없으며, 아무리 그것을 퍼내어 사용하여도 다함이 없다. 도를 행하였기 때문에 도가 줄어들었다는 이야기는 듣지 못하였다. 그뿐만이 아니다. 그렇게 무진장으로 써도 다함이 없는 도이건만 가득 차 있거나 넘쳐 범람하는 일이 없다는 것이다. 차면 기울게 마련이며, 범람하면 정도를 지나치는 것이다. 그러나 도는 항상 겸허하여 스스로 가득히 차는 일이 없으며, 정도를 지나치는 일도 없다.

그렇게 가득 차지도 않고 넘치지도 않건마는 항상 '깊고 멀어서 천지 만물의 근원을 이루고 있는 것 같다'고 하였다. '같다'는 말은, 도는 깊고 멀기 때문에 사람은 그것을 아는 체 단정하여 말할 수 없다는 뜻이다. 도는 예리하지 않다. 항상 원만하다.

도는 혼란하지 않다. 도가 있는 곳이면 어지러움은 없다. 도는 강렬한 광선을 방사하여 특히 남의 눈에 보이려고 하지 않는다. 도는 항상 그 광명을 부드럽게 하여서 티끌과도 함께 한다. 도는 무엇이나 버리지 않는다. 티끌과도 함께 하건마는 언제나 그 맑고 깨끗한 본질은 더럽혀지거나 변하지 않고 존재하는 것 같다. 노자도 그렇듯 훌륭한 도라는 존재가 어디에서 나온 누구의 아들인지는 알지 못한다. 그러나 그것은 천지를 주재(主宰)하는 상제(上帝)보다도 먼저부터 존재하는 것 같다고 하였다. 노자는 도가 천지보다 먼저부터 존재하였다고 생각하는 것이다.

제5장

　천지가 어질지 않아서 만물을 추구(芻狗)로 보는구나. 성인(聖人)이 어질지 않아서 백성들을 추구(芻狗)로 보는구나.

　천지의 사이는 풀무(橐籥)와 같은 것이라고 할까. 비[虛]었으나 힘의 다함이 없으며, 움직일수록 힘은 더욱 나온다.

　말이 많으면 이수(理數)가 막히게 마련이다. 그러니 마음 가운데에 지켜두는 것만 같지 못하다.

· 原文 ·

天地不仁 以萬物爲芻狗 聖人不仁 以百姓爲芻狗 天地之間其
猶橐籥乎 虛而不屈 動而愈出 多言數窮 不如守中

- 추구(芻狗): 하상공(河上公) 왕필(王弼)은 추구(芻狗)를 추(芻)와 구(狗), 즉 꼴과 개로 풀이하였고, 성현영(成玄英)의『장자(莊子)』천운편(天運篇) 중에 나오는 추구(芻狗)의 소(疏)에는 풀을 묶어서 개 모양을 만들어 놓은 것이라고 풀이하였다. 어느 것이나 다 하찮은 관심 밖의 것임을 의미한다. 해의(解義)에서 자세히 설명하겠다.
- 굴(屈): 여기에서는 다한다, 없어지게 한다는 뜻으로 쓰고 있다.
- 궁(窮): 막히다.
- 중(中): 마음속을 의미한다.

• 解義 •

이 장은 노자가 당시의 혼란스럽던 세상, 도탄에 빠진 백성들, 성인의 도가 행해지지 않는 세상을 보고 탄식한 것이다. 그는 이렇게 말하였다.

"천지가 어질지 않은가, 만물을 추구(芻狗)처럼 버리는구나. 성인도 어질지 않은가, 백성들을 추구처럼 버리는구나."

추구(芻狗)란, 생풀을 묶어 개(狗) 모양을 만들어서 제사에 쓰던 것이니, 제사가 끝나면 그것을 내버려서 발에 짓밟히게 하였다.

노자는 당시의 세상이 다스려지지 않아서 백성들이 도탄에 빠져 천대를 받으며 짓밟히는 것을 이 버려진 추구에 비유하여 슬퍼하였던 것이다. 여기에서 성인(聖人)이라고 한 것은 당시의 훌륭한 체하는 군주(君主)들을 비꼬아 하는 말이라고 풀이된다.

천지가 어질지 않은가 하고 원망하듯 탄식하였으나 실제로 천지는 어질은 것이다.

"천지의 사이는 대장간의 풀무와 같은 것이어서 비(虛)었으나 힘이 다하는 일이 없고 움직일수록 힘은 더욱 나온다"고 하였다.

그러니 천지의 힘은 이것을 움직여서 이용하기만 한다면 무진장한 것이다. 결국 죄는 그 힘과 법칙을 세상에 운용해야 할 사람, 즉 군주에게 그 책임이 있는 것이다. 군주가 어질지 않아서 백성들을 도탄 속에 버리고 돌보지 않으니, 노자 자신의 도도 세상에 행하여질 가망이 없다.

말하여 무엇하랴. 이러한 세상에서 나의 도를 아무리 많은 말로 이야기하여도 통하지 않고 막힐 뿐이니 스스로 마음 가운데에 지켜두는 것만 같지 않다고 노자는 스스로 한탄하였던 것이다. 이 장의 주해(註解)에는 여러 가지 설이 있다. 여기에서는 청(淸)나라 위원(魏源)의 저서 『노자본의(老子本義)』의 설에 좇는다.

제6장

곡신(谷神)은 죽지 않는다. 이것을 현빈(玄牝)이라고 한다.

현빈(玄牝)의 문(門)을 천지의 근본이라고 한다. 끊임없이 길게 이어져 있어서 써도 노고(勞苦)함이 없다.

• 原文 •

谷神不死 是謂玄牝 玄牝之門 是謂天地根 綿綿若存 用之不勤

註解 ────────────────

• 곡신(谷神): 곡신의 주해에 대해서도 여러 가지 설이 있다. 왕필(王弼)의 설에 의하면, 곡신은 계곡(谿谷)의 중앙에 아무것도 없는, 즉 무(無)의 곡(谷)이라고 풀이하였다. '谷神谷中央無谷也' 낮고, 고요하고,

빈 곳의 신(神), 혹은 이미지.

- 현빈(玄牝): 현(玄)은 신비, 불가사의하게 미묘한 것, 빈(牝)은 암컷이니 현빈은 신비한 모성(母性), 즉 만물을 산출하는 신비한 힘을 의미한다.
- 문(門): 나오는 곳. 여기에서는 만물을 산출하는 문.
- 근(根): 근본.
- 면면(綿綿): 끊임없이 길게 이어지다.
- 근(勤): 노고하다. 부지런히 애쓰다.

•解義•

'곡신(谷神)은 죽지 않는다'고 하였다.

곡신은 곡(谷)의 신(神)이란 뜻이다. 곡(谷)은 골짜기다. 빈 골짜기는 항상 비어 있다. 차는 일이 없다. 또 아래에 위치하여 모든 냇물이 거기에 모여든다. 노자는 골짜기의 그러한 습성을 항상 도(道)에 비유하여 높이 찬양한다. 그러한 골짜기를 신격화(神格化)하여, '곡신'이라고 한 것이다. 곡신은 도(道)를 상징하는 말이다.

'이것을 현빈(玄牝)이라고 한다'고 하였다. 현은 신비하고 심오한 것을 의미하고, 빈은 암컷을 가리킨 말이니, 도(道)라는 것은 신비한 암컷이라는 것이다. 천지 만물이 도에서부터 생성하기 때문에 도는 천지 만물을 생산하는 신비한 암컷인 것이다. 그러니 도라는 것은 천지의 근본이라는 것이다.

도(道)는 있다고 말하자니 그 형체를 볼 수 없고, 없다고 말하자니 만물이 거기에서 나온다. 눈에 보이지도 않고 귀에 들리지도 않고 손으로 잡을 수도 없건만 도는 길게 길게 이어져서 존재하며, 만물을 생성화육(生成化育)하게 하건마는 항상 자연스러울 뿐 노고(勞苦)하는 일이 없다고 한 것이다. 간결한 말로 도를 잘 표현하고 있다.

제7장

하늘은 영원하고 땅엔 길이 있다. 하늘과 땅이 능히 영원할 수 있는 것은 그것이 스스로 자신이 살려고 하지 않기 때문이다. 그런 까닭에 영원히 살 수 있는 것이다.

그런 까닭에 성인은 자신을 위한 일을 뒤로 밀기 때문에 실은 자신이 앞서게 되고, 자신의 이익을 제외하기 때문에 실은 자신이 거기에 있게 되는 것이다. 그것은 그에게 사심(私心)이 없기 때문이 아니겠는가. 사심이 없기 때문에 능히 그 자신의 이익이 성취되는 것이다.

• 原文 •

天長地久 天地所以能長且久者 以其不自生 故能長生 是以

聖人 後其身而身先 外其身而身存 非以其無私邪 故能成其私

註解 ————————————————————

- 자생(自生): 자신이 살기 위하여 남과 다투어 남의 것을 빼앗아서 자신을 기르는 일.
- 후기신(後其身): 자신의 이익을 뒤로 밀다.
- 외기신(外其身): 자신의 이익을 제외하는 것.
- 사(私): 사리(私利). 자기 개인의 사사로운 이익.

————————————————————

• 解義 •

천지는 영원히 살아 있다.

태고(太古)의 하늘에 찬란하던 태양은 오늘의 하늘에서도 찬란하다. 태고의 봄동산에 피던 꽃들은 오늘의 봄동산에도 피고 있다. 천지는 영원히 살아 있는 것이다. 아마 장래에도 천지의 생명은 영원하고 무한대할 것이다.

누구도 천지의 종말(終末)을 예언할 수는 없을 것이다.

어째서 천지는 그렇게 영원할 수 있는 것일까.

노자는 그것을, 천지가 스스로 제가 살겠다고 애쓰지 않기 때문이라고 한다.

천지는 천지 사이의 온갖 생물을 낳고 기르고 화육(化育)하고 성숙시켜, 천지 사이를 온통 생명으로 충만하게 만들고 있다. 그러나 우리는 천지가 저 자신의 삶을 위하여 애쓰는 일과 영위하는 일을 보지도, 듣지도 못하였다.

그렇게 스스로 살려고 하지 않기 때문에 영원히 살 수 있다고 노자는 말한다.

우리는 노자의 이러한 논리를 알듯도 하면서 실은 회의를 금치 못한다. 과연 천지가 저 스스로 살려고 하지 않기 때문에 영원히 존재한다는 말은 근거가 있는 것일까.

그러나 실제로 우리는 천지를 눈에 보이는 형체, 구상(具象)의 존재인 천지를 전제로 하고 사고(思考)하기 때문에 그러한 회의가 생기는 것이 아닐까. 만일 천지가 의지를 가진 한 인격적인 존재라고 가정한다면 노자의 이러한 말은 이해할 수 있을 것 같다. 만일 천지에 의식이 있고 사고가 있어서 자신이 살겠다고 애를 쓴다면 경쟁과 투쟁도 생길 것이고, 몸과 마음의 피로도 가져올 것이며, 온갖 작위(作爲)도 하여 때로는 실패도 할 것이다. 그렇다면 천지는 영생할 수 없을 것이다.

그러나 노자의 본 마음은 아마 다음 구절에 나오는 성인의 일을 말하기 위하여 천지의 일을 먼저 말한 것에 틀림이 없을 것이다.

실은 노자는, 성인이 천지의 무위자연(無爲自然)의 법칙을 몸소 인간에 실천하는 사람이라고 생각하고 있다. 성인이 하는 일은 하늘의 도(道)와 일치하는 것이라고 생각한다.

그런 까닭에 성인은 자신의 이익을 남보다 앞세우는 일이 없다. 항상 남을 먼저 위한다. 또 남보다 자신이 살겠다는 마음을 갖지 않는다. 언제나 남을 먼저 살리고, 자신은 제외한다. 그러나 그러한 일이 도리어 성인을 항상 남의 앞에 있게 하고, 성인을 항상 생존하게 만드는 결과로 나타나게 하는 것이다. 가령 성인이 군주가 되었을 때에는 천하 사람의 생명과 재산을 자신의 그것보다 더 소중히 알고 아낀다. 그 결과 백성이 번영하고 나라가 태평하게 되면 임금된 군주가 먼저 그것을 향유하는 결과가 되는 것이다. 그것은 자신에게 사심이 없기 때문에 도리어 사사로운 복리도 성취할 수 있는 것이라고 노자는 말하였다.

천도가 무위자연이므로 도리어 천지 자신이 영원할 수 있고, 성인은 이 무위자연을 본받아 사심이 없기 때문에 도리어 자신을 성취할 수 있다는 것이다.

제8장

　최상(最上)의 선(善)은 물과 같은 것이다. 물은 모든 생물에 이
로움을 주면서 다투지 않는다. 모든 사람들이 싫어하는 낮은
곳에 즐겨 있다. 그런 까닭에 물은 도에 거의 가까운 것이다.
　사는 곳은 땅을 선택하여야 하며, 마음은 생각이 깊어야 좋
고, 사귀는 벗은 어진 사람을 골라야 하며, 말은 믿음성이 있어
야 좋으며, 정치는 다스려져야 좋고, 일의 처리는 능숙해야 좋으
며, 행동하는 것은 때에 알맞아야 좋다. 그렇게 하는 것만이 다
투지 않는 것이다. 그러므로 잘못됨이 없는 것이다.

•原文•

上善若水 水善利萬物而不爭 處衆人之所惡 故幾於道 居善

48

地心善淵 與善仁言善信 政善治 事善能 動善時 夫唯不爭 故
無尤

註解

- 중인지소악(衆人之所惡): 여러 사람이 싫어하는 것(所惡), 즉 물은 낮고 아래의 위치에 있는 것으로서, 낮고 아래인 위치는 모든 사람들이 싫어하는 것이다.
- 기어도(幾於道): 기(幾)는 거의 가깝다는 뜻, 즉 물은 거의 도(道)에 가깝다는 뜻.
- 연(淵): 깊은 것. 심원(深遠)한 것.
- 정(正): 정(政)과 같은 것이니, 정치를 가리킨 것.
- 우(尤): 허물, 잘못.

• 解義 •

이 장에서는 다투지 않는 것이 최상의 선이라는 것을 말하고 있다. 그 다투지 않는 최상의 선을 상징하는 것으로 노자는 물을 예로 들고 있다.

물은 낮고 더러운 곳에 스스로 위치를 정하고 있다. 그 낮고 더러운 곳은 모든 사람들이 싫어하는 곳이므로 천하가 그와 더불어 다툴 이유가 없는 것이다.

그러나 물은 천지 사이의 온갖 생물에게 이로움을 주고 있다. 사람은 물이 있으므로 생을 향유할 수 있고, 온갖 짐승도, 온갖 새도, 벌레도, 그리고 나무도, 풀도, 물고기도 물이 있음으로써 그 생을 유지할 수 있지 않은가. 대체로 남에게 이로움, 즉 혜택을 주는 것을 선이라고 한다, 남에게 혜택을 줄 만한 훌륭한 일을 하려면 다른 사람보다 더 잘하기 위하여 경쟁하게 된다. 경쟁이란 말은 곧 다투는 것을 의미한다. 다툼을 수반하는 선이라면 그것은 이미 최상의 선은 아닌 것이다. 그러나 물은 천지 사이의 온갖 생물에게 이로움을 주면서도 다투는 일이 없다. 그래서 최상의 선인 것이다. 최상의 선이면 도에 가까운 것이다. 그래서 물은 도에 가깝다고 하였다. 가깝다는 말이 도와 같다는 말은 아니다. 물은 유(有)이고 도는 무(無)이기 때문에 가까울 뿐, 동일한 것은 아니다. 도는 더욱 높고 큰 것이라는 뜻이다.

그러면 사람도 다투지 않는 선을 지녀야 하겠다. 그 방법은 어떤 것일까. 위치는 남보다 아래이고 낮은 곳을 선택할 것이며, 마음은 생각이 깊어야 하고 심연(深淵)처럼 맑고 고요하여야 한다. 어진 사람과 사귈 것이며, 말은 믿음성이 있어야 하고, 정치는 저절로 잘 다스려지게 하여야 한다. 일에는 능숙하여야 하며, 행동은 때에 알맞아야 한다.

　그렇게 한다면 다툼이 일어날 단서(端緖)가 생기지 않을 것이다. 다투지 않는다면 그에게 무슨 허물이 있겠는가. 이것이 사람으로서 도에 가까운 최상의 선이 된다는 것이다.

제9장

이미 가지고 있는데 또 채우(盈之)는 것은 그만두는 것만 못하고, 이미 두드려 불린(鍛) 것을 다시 또 예리하게 만들면 오래 보전하기가 어려울 것이다. 금과 옥이 집에 가득할 만큼 많으면 그것을 지킬 수 없고, 부귀하여 교만하게 되면 스스로 화(禍)를 초래할 것이다.

공(功)을 이루고 난 후 이룬 자가 물러나야 하는 것은 천도(天道)의 법칙이다.

• 原文 •

持而盈之 不如其已 揣而銳之 不可長保 金玉滿堂 莫之能守 富貴而驕 自遺其咎 功遂身退 天之道

52

- 지이영지(持而盈之): 이미 가지고 있는데 또 채우는 것.
- 췌이예지(揣而銳之): 揣(췌)는 두드려 불리는(鍛) 것, 예지(銳之)는 날
  카롭게 하는 것이니, 즉 이미 두드려 불려 만든 것을 다시 또 예리하
  게 만드는 것.
- 천지도(天之道): 하늘의 법칙. 천시(天時)의 운행하는 법칙. 네 계절의
  대체(代替)와 같은 법칙.

• 解義 •

　이 장에서는 찬(盈) 것을 경계하였다. 다시 말하면 무엇이나
조금 덜 찬 것, 조금 부족한 듯한 것, 겸허한 것, 그런 것이 좋다
는 것이다.

　이미 그릇에 물이 채워져 있는데 그 위에 또 물을 채우는 것
은 안 채우는 것만 못하다. 이미 있는 위에 또 채우면 기울어지
거나 넘쳐서 본래의 상태보다 도리어 못한 결과가 될 것이다. 이
미 두드려 불려서 예리하게 만들어 놓은 칼을 다시 더욱 날카
롭게 만들어 좋으면 오래 보전하기가 어려울 것이다. 그것은 부
러지거나 꺾어지기 쉽기 때문이다.

　금과 옥은 비록 좋은 것이지만 그것이 집안에 가득할 만큼

지나치게 많으면 그것을 지키기가 어려우며, 부귀가 비록 좋은 것이지만 부귀하다고 하여 교만하여 스스로 화(禍)를 초래하게 될 것이다.

공(功)을 이루고 난 후 이룬 자가 물러가는 것은 하늘의 법칙이다. 태양은 정오가 되면 기울고, 달은 보름이 지나면 이지러지기 시작한다. 대지에 가득히 꽃을 피우고 나면 봄은 가는 것이고, 땅 위의 수목들을 한껏 무성하게 만들고 나면 여름은 물러간다.

사람은 하늘을 배울 줄 알아야 한다. 어느 정도의 한계에서 만족할 줄 알아야 하며, 조금 부족한 위치에 머물러야 한다. 물러가야 할 시기가 오면 미련 없이 물러설 줄 알아야 한다. 그러므로『역경(易經)』에서도 '치닫기만 하는 용(龍)은 후회함이 있다(亢龍有悔)'라고 하였다. 한껏 치올라가면 절정에서는 전락할 수밖에 없기 때문이다.

그러므로 마음은 항상 겸허한 것이 좋고, 근신(勤愼)하고 두려워할 줄 알아야 한다는 것이다. 그래서 특히 부귀하여서 교만하지 말라고 하였다. 부귀한 사람이 교만하지 않기는 어려운 것(富而無驕難)이라고 한다. 그 어려운 것을 능히 할 수 있어야 부귀를 누리고도 화(禍)를 초래하는 일이 없을 것이라고 노자는 경고한 것이다.

제10장

　혼(魂)과 백(魄)을 하나에 집중시켜 능히 흩어지지 않게 한다.

　기(氣)를 전일(專一)하게 하고 유화(柔和)함을 이루어서 능히 젖먹이처럼 순수하게 된다.

　더럽혀지고 물들여진 것을 씻어 없애고 심오한 경지에서 살펴보아야 능히 흠(疵)이 없을 수 있다.

　백성을 사랑하고 나라를 다스리는 데에 능히 지(智)의 힘을 사용하지 않는다.

　하늘문(天門)을 열고 닫는 것처럼, 치세(治世)와 난세(亂世)가 오고 가는 때에 있어서 능히 선창(先唱)하지 않고 암컷처럼 자연에 순응할 수 있다.

　태양의 밝고 흰 광명이 저절로 사방에 골고루 퍼지듯이, 능히 아무런 작위(作爲)함이 없이 천하가 잘 다스려지게 할 수 있다.

나(生)게 하고 자라게 한다.

나게 하고도 그 공(功)을 자신의 것으로 하지 않으며, 작용하게 하고도 자랑하지 않고, 성장시키지만 주재(主宰)하지 않는다. 이것을 불가사의(不可思議)한 은덕이라고 한다.

•原文•

載營魄抱一 能無離乎 專氣致柔能嬰兒乎 滌除玄覽 能無疵乎 愛民治國 能無知乎 天門開闔 能無雌乎 明白四達 能無爲乎 生之畜之 生而不有 爲而不恃 長而不宰 是謂玄德

註解 ────────────────────

• 재영백(載營魄): 예전부터 이 단어는 주해하는 이를 가장 곤란하게 만들었고, 또 많은 이설(異說)들이 있다. 그러나 이 책은 고증의 목적이 아니므로 예거(例擧)를 생략한다. '재(載)'는 뜻이 없다. '영백(營魄)'은 곧 혼(魂)과 백(魄)이니, 혼은 사람이 하늘에게 받은 양적(陽的)인 것이고, 백(魄)은 땅에서 받은 음적(陰的)인 것이다. 혼은 정신적인 활동을 주관하고 백은 육체의 생명을 주관하는 것이라고 한다. 여기에서는 정신의 집중을 의미한다.

• 척제(滌除): 씻어 버림. 더럽혀지고 물들여진 것을 씻어 버린다고 풀

이한다.

- 현람(玄覽): 심오하게 살핀다. 극히 미묘한 것을 살핀다.
- 천문개합(天門開闔): 하늘의 문이 열리고 닫히는 것처럼 치세와 난세가 오고 가는 것.
- 위자(爲雌): 암컷이 유순하게 순응하는 것처럼 자연에 순응한다는 뜻. 왕필(王弼)은 '자응불창(雌應不倡)'이라고 설명하였다.
- 불유(不有): 자기의 것으로 하지 않는다.
- 불시(不恃): 자기의 공을 자랑하지 않는다.
- 부재(不宰): 주재(主宰)하지 않는다. 즉 자연에 맡긴다.
- 현덕(玄德): 신비한 덕(德). 나온 데를 알 수 없는 불가사의한 힘.

• 解義 •

영백(營魄)은 혼백(魂魄)이다. 혼은 사람의 정신적인 활동을 주관하고, 백은 육체의 생명을 주관하는 것이라고 한다.

원래 사람의 정신과 육체가 분리될 수 없는 것처럼 혼과 백은 분리될 수 없는 것이다. 이 두 가지가 완전히 합일하여야 비로소 완전한 마음을 형성할 수 있는 것이다.

그러나 마음이 욕망에 끌리게 되면, 욕망으로 달려드는 마음과 그것을 자제하려는 마음으로 나누어지게 된다. 그렇게 되면 이미 건전한 정신은 아닌 것이다. 인간의 정신이 건전하지 않고 서야 어찌 심오한 도를 본받을 수 있겠는가.

그러므로 심오한 도를 체득한 사람은 혼과 백을 도라는 한 점에 집중시켜 흩어지지 않게 한다.

정신이 도에 집중되었기 때문에 기(氣)가 흩어지지 않고 전일(專一)하게 될 수 있으며, 도의 습성인 유화(柔和)함을 체득하여 이루어서, 능히 영아(嬰兒)처럼 순수하고 깨끗한 상태가 될 수 있을 것이다. 그렇게 순결무구(純潔無垢)한 상태가 되면 더럽혀지고 물들여진 마음은 깨끗이 씻어질 것이다.

마음에 더럽혀짐이 없고 물들여진 것이 없이 도(道)에 집중된다면 능히 심오한 경지에 도달할 수 있을 것이며, 그 맑고 깨끗한 마음의 눈(心眼)으로 자신을 반성하여 흠(疵)이 없을 수 있을 것이다.

그러한 경지에 도달한 사람이라면 지혜를 구사(驅使)하여 인위적으로 작위하는 일을 하지 않고도 백성을 사랑하고 나라가 저절로 다스려지게 만들 수 있을 것이다.

그렇게 되면 오직 천도의 자연에 순응할 뿐, 하늘의 문을 열고 닫는 것처럼 치세(治世)와 난세가 오고 가는 때에도 앞장서서 선창(先倡)하지 않고 암컷처럼 유순하게 자연에 좇는 것만으로 천하는 잘 다스려질 것이다.

그러한 군주라면, 태양이 밝고 흰 광명을 사방에 비침과 같은 밝은 지혜를 가지면서도 능히 지혜를 쓰지 않을 수 있을 것이다.

　그러한 정치는 현덕(玄德)과 같은 것이다. 현덕은 심오한 덕이라는 뜻이다. 도(道)의 법칙이 작용으로 나타난 것이 덕이다. 그러므로 도는 본질이요, 덕은 작용인 것이다. 천지의 현덕은 만물을 나게 하고 자라게 하고도 그것을 소유하거나 자신의 공이라고 자랑하지 않으며, 성장 발전시키면서도 주재하지 않는다. 천지는 묵묵히 그저 자연일 뿐이다. 그러나 천지는 온통 생명으로 충만하고 만물은 번영한다.

　이런 것을 불가사의하고 심오한 은덕이라고 한다. 즉 현덕이라고 하는 것이다.

제11장

30개의 바퀴살(輻)이 하나의 바퀴통(穀)에 집중하여 있다. 그러나 그 바퀴통 속에 아무것도 없는 공간이 있기 때문에 '차륜 (車輪)은 회전할 수 있어서' 차(車)로서의 쓸모가 있는 것이다.

진흙을 이겨서 질그릇을 만든다. 그러나 그 내면에 아무것도 없는 빈 부분이 있기 때문에 그릇으로서의 구실을 할 수 있는 것이다.

지게문(戸)과 창문을 뚫어서 방을 만든다. 그러나 그 아무것 도 없는 빈 곳이 있기 때문에 방으로 쓸 수 있는 것이다.

그런 까닭에 있는 것(有)이 이(利)가 된다는 것은 없는 것(無) 이 쓸모가 있기 때문이다.

三十輻共一轂 當其無 有車之用 埏埴以爲器 當其無 有器之
用 鑿戶牖以爲室 當其無 有室之用 故有之以爲利 無之以爲用

註解

- 복(輻): 바퀴살, 차륜의 살.
- 곡(轂): 바퀴통. 차축(車軸)을 둘러싼 부분.
- 무(無): 여기에서는 빈 곳, 공간을 의미한다.
- 용(用): 구실, 쓸모.
- 선식(埏埴): 진흙을 이기는 것.
- 호유(戶牖): 제기문, 즉 집 입구의 문과 들창문.

•解義•

노자는 무(無)의 위대한 공효(功效)를 항상 역설한다. 그러나
세상 사람들이 그것을 절실하게 깨닫지 못할 것을 염려하여, 여
기에 우리의 일상생활에서 눈에 보이는 구체적인 기물(器物)을
예로 들어서 알기 쉽게 설명한 것이다. 우리는 여기에서 정말 무
(無)의 공효를 실감할 수 있다.

제12장

오색의 찬란한 빛은 사람의 눈을 소경으로 만들고, 오음(五音)의 아름다운 소리는 사람의 귀를 멀게 만들며, 오미(五味)의 좋은 맛은 사람의 입을 버려 놓고, 말을 달려 사냥하는 유쾌한 일은 사람의 마음을 미치게 만들며, 희귀한 물품은 사람으로 하여금 해로운 일을 하게 한다.

그런 까닭에 성인은 배를 위하고 눈은 위하지 않는다. 그래서 '눈, 즉 감각적인 쾌락'을 버리고 '배부른 것'을 취한다.

•原文•

五色令人目盲 五音令人耳聾 五味令人口爽 馳騁田獵令人心發
狂難得之貨令人行妨 是以聖人爲腹 不爲目 故去彼取此

- 오색(五色): 파랑, 노랑, 빨강, 검정, 흰빛.

- 오음(五音): 궁(宮), 상(商), 각(角), 치(徵), 우(羽)의 다섯 가지 음정.

- 오미(五味): 신맛, 짠맛, 매운맛, 쓴맛, 단맛.

- 상(爽): 정상 상태를 잃어버린다는 뜻이다.

- 전엽(田獵): 사냥.

- 방(妨): 해롭다. 여기에서는 해로운 일. 즉 명사(名詞)로 쓰고 있다.

- 위복(爲腹): 배를 위한다. 배는 제3장에서 '그 배를 부르게 한다(實其腹)'라고 한 배와 같이 해석할 수도 있다. 그러나 여기에서는 뱃속, 즉 내부에 있는 정신을 수양한다는 뜻으로 풀이하는 것이 더 좋을 것 같다.

- 불위목(不爲目): 눈을 위하지 않는다. 이 '눈'은 오색(五色), 오음(五音), 오미(五味), 사냥, 희귀한 물품 등 감각적인 쾌락을 총괄, 대표하여 말한 것이다. 즉 감각적인 쾌락을 억제한다는 뜻이다.

- 거피(去彼): 저것을 버린다. '저것'은 감각적인 쾌락을 가리킨 것.

- 취차(取此): 이것을 취한다. '이것'은 배부른 것, 수양을 가리킨 것으로 해석된다. 내실(內實)한 것을 취하여 욕망이 생기지 않게 하는 것을 의미한다.

• 解義 •

이 장에서는 감각적인 쾌락을 버리고 내실(內實)한 것을 택하

라고 말한다. 오색이 영롱한 빛은 아름다운 빛이다. 아름다운
빛은 오래도록 보고 싶다. 오래도록 바라보면 눈은 피로해진다.
또 아롱진 빛깔은 사람의 눈을 현란(眩亂)하게 만든다. 이런 빛
을 탐내어 보는 일이 오래 계속되면 시력(視力)은 떨어질 것이다.

그러나 여기에서 노자가 말한 것은 그러한 단순한 생리적인
것만이 아니다.

'오색의 찬란한 빛은 사람의 눈을 소경으로 만든다'의 '사람'은
군주를 가리킨 것으로 생각된다.

남의 군주된 사람이 아름다운 빛만 탐내어 보고 있으면 백성
들의 굶주린 얼굴빛도, 백성들의 때묻은 의복도 볼 수 없을 것이
다. 그의 눈은 소경이나 다름이 없는 것이다.

아름다운 음악만 즐기고 있으면 백성의 원성(怨聲)도, 신하의
간언(諫言)도 귀에 들리지 않을 것이다.

맛 좋은 음식만 계속 먹으면, 맛 좋은 음식도 맛이 없어질 것
이다. 그야말로 입을 버려 놓을 것이다.

산과 들로 말을 달려 사냥하는 일에 정신이 빠지면 고요하게
있어서 마음을 안정시킬 수 없을 것이다. 그 호기스럽고, 스릴에
찬 사냥에 마음은 미치게 될 것이다.

세상에서 구하기 어려운 진귀한 재화(財貨)를 탐내면 만족할

줄 모르게 되기 마련인 것이다. 그 결과, 마침내 자신에 해되는
일을 저지르기에 이를 것이다.

　그런 까닭에 성인은 배를 위하고 눈은 위하지 않는다. 즉 내
실(內實)한 것은 취하고 외시적(外視的)인 것은 버린다. 저 감각적
인 쾌락을 버리고 이 뱃속을 충실하게 하는 것을 택한다는 것
이다.

제13장

　은총도 굴욕도 두려운 것처럼 대하라.

　큰 근심[大患]을 소중히 다루기를 제 몸을 소중히 여기듯
하라.

　어째서 은총도 굴욕도 두려운 것처럼 대하라고 하는가.

　남의 아래된 사람은 은총을 얻어도 두려워하고, 굴욕을 당하
여도 두려워해야 한다. 이것은 은총에도 굴욕에도 두려운 것처
럼 대하라고 하는 것이다.

　어째서 큰 근심[大患] 다루기를 제 몸을 소중히 여기는 것처
럼 하라고 하는가.

　내게 큰 근심이 있음은 나에게 몸이 있기 때문이다. 나에게
몸이 없게 되면 무슨 근심이 있겠는가.

그런 까닭에 자신의 몸을 소중히 여기듯이 천하를 소중히 여긴다면 그런 사람에게는 천하를 맡겨도 좋을 것이다.

자신의 몸을 사랑하듯이 천하를 사랑한다면 그런 사람에게는 천하를 부탁하여도 좋을 것이다.

•原文•

寵辱若驚 貴大患若身 何謂寵辱若驚 寵爲下得之若驚 失之若驚 是謂寵辱若驚 何謂貴大患若身 吾所以有大患者 爲吾有身 及吾無身 吾有何患 故貴以身爲天下 若可寄天下 愛以身爲天下 若可託天下

註解 ─────────────────────

- 총욕(寵辱): 총애와 굴욕.
- 약경(若驚): 놀라는 것처럼 한다, 여기에서는 두려워한다고 풀이하는 것이 더 적절하겠다.
- 대환(大患): 큰 근심.
- 위하(爲下): 남의 아래된 사람.
- 귀이신위천하(貴以身爲天下): 제 몸을 소중히 여기는 마음으로 천하를 소중히 여긴다는 뜻.
- 약가기천하(若可寄天下): 기(寄)는 기탁(寄託)한다는 말이니 맡긴다는

뜻이다. 그러므로 천하를 기탁할 수 있을 것 같다는 말.

・解義・

남의 부하된 사람은 총애를 받아도, 구박을 받아도 놀라고 두려워하여야 한다.

총애는 그것을 지속하기 위하여, 구박에는 그것에서 벗어나기 위하여 몸가짐과 행동에 조심하고 두려워하여야 한다.

자신에게 큰 근심이 있을 때에는 그것에 대처하는 일을 제몸을 소중히 여기는 것만큼 소중히 하여야 한다.

큰 근심에 대처하기를 소중히 하라는 말은 제 자신을 소중히 여기라는 말이기 때문이다. 인간이 만일 누구나 제 몸이라는 것이 없다면 무슨 큰 근심이라는 것이 있겠는가. 결국 인간은 제 몸을 가장 소중히 여기는 것이다.

그런 까닭에 자신의 몸을 소중히 여기듯이 천하를 소중히 여기고, 천하의 백성을 사랑하는 것을 제 몸을 소중히 여기는 것처럼 하는 사람이 있다면 그런 사람에게는 천하를 맡겨도 좋을 것이라고 한 것이다.

그러나 이 장의 해석에 있어서 청(淸)나라의 위원(魏源)은 그

의 저서 『노자본의(老子本義)』에서 아주 정반대의 해석을 하고
있다. 그의 설의 대의만을 다음에 적어 본다. 먼저 자구(字句)의
풀이부터 다르다.

총욕(寵辱): 욕되는 일을 영광으로 안다.
약경(若驚): 놀라는 것처럼 몹시 반가워하다.
약신(若身): 제 몸을 소중히 여기는 것처럼 몹시 소중해 한다.
총(寵): (寵爲下의) 총애.
가기천하 가탁천하(可寄天下 可託天下): 천하에 몸을 붙이다.
참여하지 않고 그저 붙어 있을 뿐이라는 뜻.

그의 해설은 이렇다.
'세상 사람들은 욕되는 일을 도리어 영광으로 생각하여 깜짝
놀라면서 반가워하고, 큰 근심을 도리어 소중한 것으로 착각하
여 제 몸 위하듯이 몹시 소중하게 여긴다. 어째서 욕되는 일을
영광으로 생각한다고 하는가. 총애라는 것은 윗사람은 주고, 아
랫사람은 받는 것이다. 총애를 받는다는 것은 남의 아래가 된
다는 것이다. 남의 아랫사람이 되는 것이 욕된 일이 아니고 무
엇인가. 그렇지만 사람들은 그것을 얻으면 반가워서 놀라고 잃

으면 슬퍼서 놀란다.

어째서 큰 근심을 도리어 제 몸처럼 소중히 한다고 하는가. 사람에게 있어서의 근심은 자신의 사사로운 눈앞의 욕망에 사로잡히는 일이다. 사사로운 욕망에 사로잡히면 반드시 근심이 있는 것이다. 그렇지만 세상 사람들은 그것을 제 몸처럼 끔찍이 소중히 한다.

사람에게 큰 근심이 있는 것은 사람에게 제 자신의 사사로운 욕망이 있기 때문이니, 만일 사람에게 '내 몸'이라는 사욕이 없다면 그에게 아무런 근심도 없을 것이다,

만일 사람이 진실로 자중자애(自重自愛)할 줄 안다면 비록 천하의 영화가 돌아올지라도 외면의 영광을 위하여 자신을 굽혀서 스스로 욕되고 근심되게는 하지 않을 것이다. 그렇게 한다면 마치 몸을 천지 사이에 붙여 둔 것과 같을 것이다.'

글의 문리로 보아서는 앞의 것이 무난하고, 노자라는 뉘앙스로 봐서는 뒤의 것이 더 좋다. 그러나 뒤의 것은 문의로 보아 무리가 있을 뿐 아니라 남의 아랫사람이 되는 것, 가령 남의 신하가 되는 것을 한마디로 굴욕이라고 단정한 것은 타당치 못한 것 같다.

제14장

그것은 보려고 해도 보이지 않는다. 그래서 '이(夷)'라고 한다.

그것은 들으려고 해도 들리지 않는다. 그래서 '희(希)'라고 한다.

그것은 손으로 잡으려고 해도 잡히지 않는다. 그래서 '미(微)'라고 한다.

이 세 가지는 말로 구명(究明)할 수 없다. 그래서 통틀어 하나(道)라고 한다.

그 '하나'는 위라고 하여 더 밝지 않고, 아래라고 하여 더 어둡지 않다. 긴 노끈처럼 끊임없이 길게 이어진다. 그러나 이름 붙일 수 없다. 결국은 아무것도 없는 것으로 돌아간다.

그것을 형체 없는 상(狀)이라고 하고, 물상(物象) 없는 상(像)이라고 한다. 이런 것을 황홀하다고 한다. 앞으로 마주보아도 그

머리를 볼 수 없고, 뒤로 따라가면서 보아도 그 후미(後尾)가 보이지 않는다.

　그러한 옛 도(道)의 이치를 파악하여 지금 있는 것을 다스리면 능히 태고의 시초도 알 수 있다. 이것을 도(道)의 실마리(端緒)라고 한다.

●原文●

視之不見 名曰夷 聽之不聞 名曰希 搏之不得 名曰微 此三者不可致詰 故混而爲一 其上不曒 其下不昧 繩繩不可名 復歸於無物 是謂無狀之狀 無物之象 是謂惚恍 迎之不見其首 隨之不見其後 執古之道 以御今之有 能知古始 是謂道紀

註解 ――――――――――――――――――――――――

• 이(夷): 크다. 지극히 크다는 뜻. 지극히 큰 것은 눈으로 볼 수 없다. 무색(無色).

• 희(希): 작다. 가늘다.

• 미(微): 가늘다. 극히 가늘다.

• 치힐(致詰): 말로 자세히 따질 수 없다. 말로써 구명할 수 없다.

• 교(曒): 밝음.

• 승승(繩繩): 노끈처럼 길게 이어져서 끊임이 없는 모양.

- 홀황(惚恍): 황홀과 같다. 형용해 말할 수 없는 어리둥절한 상태.
- 고시(古始): 태고의 시초.
- 도기(道紀): 도(道)의 단서.

• 解義 •

이 장은 도(道)의 성질과 상태를 말한 것이다.

도는 너무 커서 볼 수 없고, 지극히 가늘어서 들을 수 없고, 너무나 미세(微細)하여 손으로 잡을 수도 없다. 그것은 말로 따져 이야기할 수 없다. 오직 하나(一)라고 말하여 둔다.

그 광명은 위라고 더 밝지 않고 아래라고 어둡지도 않다. 그 길이는 노끈처럼 길게 끊임없이 이어지지만 이름을 붙일 수 없다. 결국은 아무것도 없는 무(無)의 상태로 돌아간다.

그러나 아주 없는 것이라고 말하려고 하니 만물이 그것으로 인하여 생성하고, 있는 것이라고 말하려니 그 형체를 볼 수 없다. 그러므로 이것을 형체 없는 상(狀)이요, 물상(物象) 없는 상(像)이라고나 할까. 이런 것을 황홀하여 어리둥절한 상태라고 한다. 그것은 앞에서 보아도, 뒤에서 보아도 이마도 후미도 보이지 않는다.

그러나 그 본질과 원칙은 예전이나 지금이나 변함이 없다. 그러므로 태고 때에 도의 작용으로 세상에 나타나는 상태를 파악하여 오늘날의 일을 다루고, 다시 그것을 미루어 옛일을 소급하면 태초의 일도 알 수 있는 것이다. 이러한 작용을 도의 단서라고 한다는 것이다. 단서는 실마리다. 실마리를 따라 찾아 올라가면 도를 알 수 있다는 것이다.

제15장

　고대의 가장 훌륭한 선비들은 미묘하고 심오(深奧)하며, 사물의 이치에 통달하여, 그 마음의 깊이를 남이 알 수 없었다. 그런 까닭에 그 모습을 억지로 형용하여 보기로 한다.

　그의 신중한 태도는 마치 겨울에 발 벗고 냇물을 건너기를 머뭇거리는 것 같고, 조심하는 모습은 마치 이웃들을 두려워하는 사람이 두리번거리는 것처럼 보이며, 엄숙하고 의젓함은 손님(客)과 같다.

　융화함은 마치 얼음이 시원히 녹아 풀리는 것 같으며, 소박하기는 나무 둥지 같고, 마음이 시원스럽게 트이기는 산골(山谷)의 공동(空洞)과 같으며, 모든 것을 포용하여 혼동함은 탁류와 같다.

　누가 능히 탁류를 고요하게 정지시켜서 천천히 맑게 할 수 있겠는가.

누가 능히 안정한 것을 움직여서 천천히 생동(生動)하게 할 수 있겠는가.

이러한 선비의 도를 지키는 자는 차(盈)는 것을 좋아하지 않는다. 차면 넘치기 마련이기 때문이다.

그 오직 차지 않기를 바라기 때문에 그 도는 능히 모든 것들을 덮을 뿐이고, 새로운 것을 성취하려고 작위(作爲)하지는 않는다.

•原文•

古之善爲士者 微妙玄通 深不可識 夫唯不可識 故强爲之容
豫兮若冬涉川 猶兮若畏四隣 儼兮其若客 渙然若冰之將釋 敦
兮其若樸 曠兮其若谷 混兮其若濁 孰能濁以靜之徐淸 孰能安
以久動之徐生 保此道者不欲盈 夫唯不盈 故能蔽而新成

註解 ———————————————————

• 미(微), 묘(妙), 현(玄), 통(通): 미(微)는 정미(精微). 묘(妙)는 미(微)의 극치. 현(玄)은 심오한 것, 신비한 것. 통(通)은 모든 사물의 이치를 환하게 알고 있는 것. 소자유(蘇子由)의 주에 '조잡(粗)한 것이 다 없어진 것이 미(微). 미화기 때문에 묘하게 되고, 묘가 극치에 이르면 현(玄, '심오, 신비')하게 되며, 현하면 통하지 않는 것이 없다. 그리고 깊숙하

여서 남이 알 수가 없는 것이다'고 하였다.

- 강(强): 강제로, 억지로.
- 용(容): 얼굴. 여기에서는 형용한다는 뜻으로 쓰고 있는 것 같다.
- 예(豫), 유(猶): 머뭇거리다. 신중히 조심하는 모양.
- 환연(渙然): 녹아서 풀리는 모양.
- 돈혜(敦兮): 중후함. 소박함.
- 보차도(保此道): 이러한 훌륭한 선비의 도리를 보유함.
- 능폐불신성(能蔽不新成): 이 말의 주석에는 여러 가지 설이 있다. 여기에서는 하늘이 항상 모든 것을 덮고 있을 뿐 새로운 것을 창작하지 않는 것처럼, 군자의 도는 모든 백성 위를 덮을 뿐 새로운 것을 성취하려고 작위하지 않는다고 풀이하여 본다.

• 解義 •

이 장에서는 도에 통한 상덕(上德)이 있는 사람의 모습을 말하였다. 그는 모든 사물의 이치에 통달하고, 미묘하고 심오하여 그 깊이를 남이 알 수 없건마는, 그의 태도와 행동은 신중하고 조심하여 머뭇거리는 듯, 두리번거리는 듯하다. 그러나 예의바른 손님처럼 의젓하여 범할 수가 없다.

그렇게 머뭇거리고 엄격한가 하면 얼음이 풀리는 것처럼 융화하고, 나무 등지처럼 소박(素朴)하다. 시원스럽게 트이기는 산골의 공동(空洞) 같고, 모든 것을 포용하여 홀로 결백한 체하지 않고, 모든 것을 포용하여 혼동함은 탁류와 같다.

스스로 탁류와 함께 하건마는 그 본질은 변함이 없다. 그 탁한 물질을 고요히 정지시켜서 천천히 맑게 만든다. 그 누가 이와 같이 탁류를 정지시켜서 저절로 맑아지게 만들 수 있겠는가.

그 정지시킨 것을 정지의 상태에 그대로 정체(停滯)시키지 않고 다시 이것을 움직여서 천천히 다시 생동하는 맑은 물이 되게 한다. 그 누가 정체된 것을 혼란 없이 다시 생동시킬 수 있단 말인가. 지극히 어려운 일이다.

오직 도에 통한 상덕(上德)의 사람만이 혼탁한 세상과 온갖 욕망 속에서 능히 그들과 함께 하면서 물들지 않고, 나아가서 그들을 정화(淨化)시켜 그들로 하여금 맑은 물처럼 도(道) 안에 생동하게 만들 수 있는 것이다.

이러한 경지에 이른 사람은 차는 것을 좋아하지 않는다. 하늘의 도는 항상 비(虛)고 무(無)한 것이다. 그러므로 하늘은 모든 것을 덮고 있을 뿐 새로운 것을 창작하지 않는다. 오직 자연일 뿐이다.

훌륭한 도(道)가 있는 선비는 자연의 도에 순응할 뿐 새로운 것을 작위하여 스스로 채우려고 하지 않는다.

제16장

　천지가 그 사이를 공허하게 함이 궁극에 도달하고, 정적의 상
태를 보수(保守)함이 짙어지면 만물은 일제히 일어나 생동한다.

　나는 그 생동하는 만물들이 다시 정적의 상태로 되돌아가는
것을 본다.

　그 싱싱하고 무성한 수목의 꽃과 잎들이 조락(凋落)하여 각기
그 뿌리로 돌아간다.

　뿌리(根本)로 돌아간 것을 정지라고 한다. 이것을 천명(天命)대
로 돌아간다고 한다.

　천명대로 돌아가는 것을 영원불변의 법칙이라고 한다.

　사람이 이 불변의 법칙을 아는 것을 명찰(明察)한다고 한다.
이 불변의 법칙을 알지 못하고 망동(妄動)하면 불행을 초래한다.

이 영원불변의 법칙을 알면 그 마음은 천지와 같이 커서 만물을 다 포용하게 된다.

만물을 어느 것이나 다 공평하게 포용한다.

공평하면 그것은 바로 왕도(王道)이며, 왕도는 곧 하늘의 법칙이다. 하늘의 법칙은 바로 도인 것이다.

도는 영구한 것이다. 이 도를 따르면 몸이 마칠 때까지 위태함이 없을 것이다.

•原文•

致虛極 守靜篤 萬物竝作 吾以觀其復 夫物芸芸 各歸其根 歸根曰靜 是謂復命 復命曰常 知常曰明 不知常妄作凶 知常容 容乃公 公乃王 王乃天 天乃道 道乃久 沒身不殆.

註解 ─────────────

- 치허극(致虛極): 겨울이 깊어져서 초목은 조락하고 모든 생물이 활동을 멈추면 천지 사이는 지극히 공허한 상태로 된다.
- 병작(竝作): 일제(一齊)히 생성 발동(生成發動)하는 것.
- 복(復): 돌아간다. 전의 상태로 돌아가는 것.
- 운운(芸芸): 꽃과 잎이 무성한 모양.
- 명(命): 천명(天命), 하늘의 법칙.

- 상(常): 언제나 떳떳한 것. 여기에서는 영원불변으로 해석된다.
- 명(明): 명찰(明察).
- 망작(妄作): 법도나 사리(事理)에 맞지 않는 행동.
- 흉(凶): 흉한 것. 불행. 불길.
- 용(容): 포용한다, 용납한다는 뜻. 여기서는 도량이 커서 어느 것이나 다 포용한다는 뜻.
- 공(公): 공평한 것.
- 왕(王): 왕도(王道). 왕덕(王德).
- 천(天): 천리(天理). 하늘의 법칙.
- 몰신(沒身): 몸을 마칠 때까지. 죽을 때까지.

•解義•

가령 겨울이 오면 산과 들에는 살아 있는 잎이 없고, 논과 밭에는 농작물이 자취를 감춘다. 새들은 노래를 잊고, 짐승들은 추위에 움츠린다. 사람까지도 나다니기를 싫어한다. 이러한 계절의 천지 사이는 온통 텅 빈 허허벌판이 된다. 하나의 거대한 공동(空洞)으로 변한다. 천지 사이는 정적에 잠긴다.

이러한 상태가 극한에 이르면 다시 봄이 온다. 따뜻한 봄이 오면 온갖 초목과 새와 짐승들이 일제히 일어나 천지 사이는 다시 활기와 번영으로 가득 찬다.

그러나 그것들은 또다시 정적 속으로 되돌아가는 날이 있다는 것을 우리들은 본다. 그 싱싱하고 무성하던 나무의 잎사귀들은 낙엽이 되어 제각기 그 뿌리가 있는 곳으로 돌아간다. 뿌리로 돌아가면 또다시 고요하여진다.

그렇게 고요한 상태로 돌아가는 것을 천명(天命), 즉 자연의 법칙대로 돌아간다고 한다.

자연에서 생성하고, 자연으로 돌아가곤 하는 것을 영원불변의 법칙, 즉 상(常)이라고 한다.

이 상의 법칙을 아는 것을 명찰(明察)이라고 한다.

이러한 영원불변의 법칙을 알지 못하면 사람은 부자연스럽게 무리한 망동(妄動)을 저지른다. 망동하면 불행을 불러들인다.

영원불변의 자연의 법칙을 알면 그 마음은 천지와 같이 크고 구애됨이 없어서 만물을 다 포용하게 된다.

만물을 다 포용함은 공평함이요, 공평한 것은 바로 왕도(王道)이다. 왕도는 곧 하늘의 법칙이요, 하늘의 법칙 그것이 바로 도(道)다.

도는 영구한 것이다. 그러므로 도를 지키면 몸을 마칠 때까지 망동하는 일이 없기 때문에 위태함이 없을 것이다.

이 장은 상(常), 즉 영원불변의 자연의 도를 체득하라는 것을 말한 것이다. 계절의 변천에 따라 눈에 보이는, 생동하는 것은 항상 정지에서 나오고 또 항상 정지로 되돌아간다는 법칙을 설명하여, 사람은 오묘한 근원 즉 무위자연의 도에 돌아갈 줄 알아야 한다는 것을 시사(示唆)한 것이다.

그 무위자연의 도를 배움으로써 능히 비(虛)고, 고요(靜)한 경지에 도달할 수 있다는 것이다.

제17장

가장 훌륭한 군주는 아래 백성들이 다만 임금이 있다는 것
만을 알게 할 뿐이다.

　그 다음의 군주는 백성들이 그에게 친근감을 가지며 그를 칭
찬한다.

　그 다음의 군주는 백성들이 그를 두려워한다.

　그 다음의 군주는 백성들이 그를 업신여긴다.

　군주에게 믿음성이 부족하면 백성들은 그를 믿지 않는다.

　조심하여 그 말을 중히 여기고 함부로 말하지 말아야 한다.

　최선의 군주는 무위(無爲)의 정치를 하기 때문에, 공(功)을 이
루고 일을 성취하여도 백성들은 알지 못하고 '내가 저절로 그렇
게 되었다'고 말한다.

太上 下知有之 其次 親而譽之 其次畏之 其次侮之 信不足焉
有不信焉 悠兮其貴言 功成事遂 百姓皆謂我自然.

註解

- 태상(太上): 최상(最上), 즉 최상의 임금이란 뜻. 이 태상(太上)을 태고
  (太古)로 해석하는 이도 있다.
- 하(下): 하민(下民), 아랫사람들.
- 하지유지(下知有之): 아랫사람들이 그가 있다는 사실만을 안다는 뜻.
- 유혜(悠兮): 근심하는 모양. 조심하여.
- 귀언(貴言): 말을 중하게 여겨 함부로 하지 않는다는 뜻.

・解義・

가장 훌륭한 정치를 하는 임금은 천지자연의 도에 순응하여
자연스럽게 할 뿐 인위적으로 작위(作爲)하지 않으며, 천하가 태
평하여도 자신의 공을 드러내지 않기 때문에 백성들은 다만 군
주가 있다는 것만을 알 뿐 감사할 줄 모른다. 마치 태양의 광명
이 너무나 크고 너무나 자연스러워서 우리들이 그것의 고마움
을 모르는 것과 같다고나 할까.

그 다음 급의 군주는 천지자연에 맡겨 천하를 다스릴 만한 능력이 없으므로 인의(仁義)의 방법으로써 눈에 보이게 노력하고 애써서, 천하를 태평하게 하고 백성을 사랑한다. 그러므로 백성들은 그의 덕정(德政)을 알게 되어 그를 친애하고 사모하게 된다. 인의로써 작위하여 비로소 이룩하는 정치이다.

그 다음의 군주는 인의의 방법으로 천하를 다스리지 못하고 법과 형벌로써 천하를 다스린다. 자신의 정치에 복종하지 않는 자에게는 형벌을 주어 제어한다. 그러므로 백성들은 그를 두려워한다. 오직 형벌과 권위만으로 백성을 이끌어가는 정치다.

그 다음의 군주는 법과 형벌로도 천하를 다스리지 못한다. 법과 형벌이란 공정하여 위정자(爲政者)의 사사로운 친소(親疎)나 애증(愛憎)에 따라 흔들림이 없고, 뇌물이나 권력 앞에 굽혀짐이 없이 누구도 감히 범할 수 없는 의젓한 위신이 있어야 비로소 천하를 그것으로 규율할 수 있는 것이다.

최하의 군주는 그것도 하지 못한다. 그러므로 그는 오직 백성들을 그때그때의 속임수와 거짓말로 농락해 간다. 그러니 백성들은 그를 업신여기게 된다. 백성이 군주를 업신여기게 되면 천하는 혼란하게 될 것이다.

그러기에 군주된 자에게 믿음성이 부족하면 백성들은 그를 믿지 않는다. 인간은 하나의 필부(匹夫)일지라도 믿음성이 없으면 남이 그를 상대해 주지 않는다. 하물며 한 나라의 군주는 말하여 무엇하랴. 그러므로 군주는 함부로 말하지 말아야 하며, 말하였으면 반드시 믿음성이 있어야 할 것이다. 말을 소중히 여길 줄 알아야 한다.

훌륭한 최상의 군주는 말하지 않는다. 그가 공을 이루고 일을 성취하여도 백성들은 그의 공적인 것을 알지 못하고, 다 '내가 저절로 이렇게 편안하게 되었다'고 말한다는 것이다.

옛날 중국, 요(堯)임금 때에 한 늙은 농부가 배부르게 먹고 막대기치기 유희를 하면서, "밭 갈아 밥 먹고, 우물 파 물 마시고, 날이 새면 일하고, 밤이 오면 잠자니 임금의 공력(功力)이 내게 무엇이 있는가"라고 하였다는 이야기는 유명하다.

제18장

　무위자연(無爲自然)의 큰 도[大道]가 없어지니 인(仁)이니, 의
(義)니 하는 것이 있게 되고, 인간에게 지혜라는 것이 생기니 큰
거짓[大僞]이 있게 되었다.
　육친(六親)이 화목하지 않으니 효행이니 자애니 하는 것이 있
게 되고, 국가가 암흑(暗黑)하고 혼란하여지니 충신이 있게 된다.

・原文・

大道廢 有仁義 智慧出 有大僞 六親不和 有孝慈 國家昏亂 有
忠臣

註解 ───────────

- 대도(大道): 무위자연의 도.
- 대위(大僞): 큰 거짓. 크게 남을 속이는 허위.
- 육친(六親): 부모·형제·처자.
- 효자(孝慈): 효행(孝行)과 자애(慈愛).
- 혼란(昏亂): 어둡고 어지러움. 암흑하고 혼란함.

────────────────────

• 解義 •

여기에서 대도(大道)라고 한 것은 무위(無爲)의 도, 자연의 도를 말한 것이다. 세상에 이 무위자연의 도가 없어진 뒤에 인(仁)이니 의(義)니 하는 것이 있게 된다. 인은 불인(不仁)한 것이 있기 때문에 필요한 것이요, 의는 불의가 있기 때문에 필요한 것이다. 큰 도, 즉 무위자연의 도가 행하여지는 세상에서는 모두 자연스럽게 저절로 제 할 일을 하고, 지킬 것을 지키게 되므로 불인(不仁)도 불의(不義)도 있을 수 없다. 따라서 특별히 지적하여서 인이니 의니 할 것이 없다. 불인이 있기 때문에 인이 드러나 보이고, 불의가 있기 때문에 의가 드러나 보이는 것이다.

또 무위자연의 세상에서는 오직 자연스러움이 있을 뿐이고, 지혜라는 것은 필요하지 않았다. 옳고 그른 것, 이롭고 해로운 것을 구분해야 할 경우에 지혜가 필요하고, 인위적으로 작위(作為)해야 할 경우에 지혜가 필요한 것이다. 한 번 인간에게 지혜라는 것이 필요하게 되면 거기에서 큰 허위가 생기는 것이다. 허위를 조작함에 있어서 지혜 있는 자일수록 더욱더 큰 허위를 꾸며낼 수 있기 때문이다.

부모·형제·처자 사이가 저절로 자연 그대로 화합하자면 효행이니 자애니 하는 것이 선행으로 특별히 드러나지 않을 것이다. 불화(不和)라는 것이 있기 때문에 효도니 자애니 하는 이름이 있게 되는 것이다.

충신(忠臣)도 마찬가지다. 나라 안이 자연 그대로 제각기 각자의 삶을 즐기고 제각기의 위치를 지킨다면 충신은 존재할 여지도 가치도 없는 것이 아닐까. 나라가 혼란하기 때문에 충신이라는 것이 존재하고 또 높이 평가되는 것이다. 무위자연의 도가 행하여지는 세상만이 가장 완전한 세상이다. 노자는 유가(儒家)의 사상을 초월한 그 이상의 도를 말하는 것이다. 노자의 도는 유가의 도덕보다 차원이 높은 것이라고 할 수 있다.

제19장

썩 잘하는 재주를 없애고 지혜를 버리면 백성의 이(利)는 백배로 늘어날 것이다.

인(仁)을 없애고 의(義)를 버리면 백성들은 효도하고 자애하는 사람으로 돌아갈 것이다.

기교(技巧)를 없애고 이익을 버리면 도적은 없게 될 것이다.

그러나 이 세 가지 일, 즉 성지(聖智)·인의(仁義)·교리(巧利)를 아주 끊어 버리는 일을 단행한다면 너무나 문식(文飾)이 부족하여 백성들이 귀속(歸屬)할 데를 모를 것이다.

그런 까닭에 그들에게 귀속할 곳이 있게 하기 위하여 소박함을 보여 주어서 거기에 좇게 하면, 사심(私心)과 욕망이 적게 될 것이다.

絶聖棄智 民利百倍 絶仁棄義 民復孝慈 絶巧棄利 盜賊無有
此三者以爲文不足 故令有所屬 見素抱樸 少私寡欲

註解

- 성지(聖智): 여기에서는 썩 잘하는 재주를 의미한다. '聖智才之善也'
- 복(復): 되돌아가다.
- 교(巧): 기교.
- 기리(棄利): 이익되는 일을 버린다.
- 차삼자이위문부족(此三者以爲文不足): 이 구절은 예전부터 난해(難解)한 것으로 알려져 있다. 따라서 주석(註釋)도 여러 가지 설이 있어서 일치하지 않는다. 여기서는 왕필의 설에 좇았다. 삼자(三者)는 성지(聖智)·인의(仁義)·교리(巧利)를 가리킨 것으로 본다. 문(文)은 문식(文飾)의 뜻이니 문화의 빛을 의미한다. 즉 성지·인의·교리를 아주 단절하여 버리면 문식이 부족하여 세상이 무미건조하여서 백성들이 마음 붙일 곳이 없게 될 것이므로 그들에게 소박한 것을 보여 주어서 거기에 귀속하게 하자는 말.
- 소(素): 무늬 없는 흰 비단으로서 질소(質素)함을 의미한다.
- 박(樸): 산에서 베어 온 그대로의 다듬지 않은 통나무를 가리키는 것으로서 질박한 것, 즉 도(道)를 의미한다.

• 解義 •

성지(聖智)라는 것은 썩 잘하는 재주라는 뜻이다. 나라에 뛰어난 재주가 있으면 백성에게 이로움이 될 것 같지만 실은 그런 것을 버리고 무위자연의 도에 좇으면 도리어 백성의 이(利)됨이 백배나 될 것이다.

인의(仁義)가 숭상되는 것은 불인(不仁)과 불의(不義)가 있기 때문이니, 아예 인의가 필요 없는 세상이 되면 백성들은 누구나 다시 효도하고 자애하는 백성으로 돌아갈 것이다.

기교를 버려, 가지고 싶은 호기심을 자극하는 진귀한 물품이 생산되지 않게 하고, 제각기 각자의 생업에 안정하여 구태여 이익을 탐낼 필요가 없는 세상이 되게 하면 세상에는 도적이 없을 것이다.

그러나 만일 성지(聖智)도, 인의도, 진귀한 물품을 생산하는 기교나 이익도 모두 단절해 버려서 생활이 너무나 무미건조하게 되어 백성들의 마음을 집중시킬 데가 없을 것이라고 생각한다면, 그들에게 소박(素樸)이란 것을 보여 주어서 거기에 그들의 마음이 돌아가게 만들 것이다. 그리하면, 사심(私心)은 적어지고 욕심도 적어질 것이다.

모든 인위적인 작위를 버리고 소박한 무위자연의 상태로 돌아가는 것이 가장 훌륭한 정치라는 것을 또 한 번 말했다.

그러나 청(淸)나라의 위원(魏源)은 이 장을 앞 장(제18장)의 계속이라고 보고 있다. 그는 정치의 등급을 황도(皇道)·제도(帝道)·왕도(王道)·패도(覇道)로 구분하여 설명하였다.

성지(聖智)는 지혜요, 교리(巧利)는 큰 거짓(大僞)이라고 전제한 뒤에, 제자(帝者)의 인의를 끊어 버리고 황도(皇道)의 대도(大道)에 돌리면 백성들은 그 처음으로 돌아가서 아버지는 자애하고, 아들은 효도하여 상고(上古) 시대처럼 순박하게 될 것이다. 왕자의 성지(聖智)를 끊어 버리고 제자(帝者)의 인의 정치에 돌아간다면 백성들의 이(利)됨이 왕도 정치 때보다 백배나 더할 것이다. 패자(覇者)의 교리(巧利)를 끊어 버리고 왕정(王政)의 성지(聖智)에 돌아간다면 비록 제자(帝者)의 시대만은 못하더라도 정교(政敎)가 밝아서 또한 도적이 없을 것이다. 황도 정치(皇道政治)는 실은 여유가 있었으나 문식(文飾)이 부족하였다. 그러므로 황도 이후의 제자·왕자·패자는 점점 문식에 기울어져 갔고, 순차로 전대(前代)의 정치는 문(文)이 부족하다고 하여 각기 숭상하는 것을 부착(附着)시켰다. 그 결과는 문(文)의 말엽(末葉)에 흐르게 된 것이다.

그 부착시킨 것이 인의·성지·교리, 세 가지다. 어찌 황도 정치때의 백성들이 소박한 것을 보며, 소박한 생활을 하던 것만 하겠는가. 백성들이 그렇게 소박하게 되면 사심(私心)과 욕심은 적을 것이다. 무슨 문식(文飾)이 필요하겠는가. 대략 이런 뜻으로 풀이하였다. 이 밖에도 여러 설이 있으나 생략한다.

제20장

학문이란 것을 없애 버린다면 인간의 근심은 없어질 것이다.

예! 하고 정중하게 응대하는 것과, 응! 하고 오만하게 대답하는 것은 얼마나 다른 것일까. 선과 악은 그 거리가 얼마나 되는 것일까.

남이 두려워하는 것이면 나도 두려워하지 않을 수 없을 것이다.

그러하건마는 나는 세상 사람들과의 거리가 아득히 멀어서 가없구나.

세상의 여러 사람들은 기뻐 웃으면서 소나 양의 맛있는 고기를 즐기는 듯, 봄 동산에 올라 조망(眺望)을 즐기는 듯하건마는, 나만은 홀로 횅하게 빈(空) 가슴으로 평안하고 고요하게 있네.

세속적인 욕망은 낌새조차 보이지 않는 것이, 마치 갓난아이가 아직 웃을 줄도 모르는 것과 같구나.

나른하고 고달파서 돌아갈 곳 없는 사람과도 같네.

여러 사람들은 다 세속적인 욕망에 의욕이 넘치고 있건마는, 나만은 홀로 모든 것을 잃어버린 것만 같구나.

나의 마음은 어리석은 사람의 마음인가. 아무런 변별(辨別)도 분석도 하는 바 없이 흐리멍덩하고만 있네.

세상 사람들은 모두 똑똑하고 분명하기만 한데, 나는 홀로 흐리고 어둡기만 하구나.

세속 사람들은 사리에 밝고 빈틈없이 잘 살필 줄 아는데, 나만은 홀로 사리에 어둡고 어리석기만 하네.

바다처럼 안정(安定)되고 고요하며, 끝없이 흘러가는, 매지 않은 배처럼 구속됨이 없구나.

여러 사람들은 다 쓸모가 있건마는 나만은 홀로 완고하여 촌스럽기만 하네. 나는 홀로 남들과 달리, 생(生)의 근원을 소중히 여기노라.

• 原文 •

絶學無憂 唯之與阿 相去幾何 善之與惡 相去何若 人之所畏 不可不畏 荒兮其未央哉 衆人熙熙 如享太牢 如春登臺 我獨

泊兮其未兆 如嬰兒之未孩 儽儽兮若無所歸 衆人皆有餘 而我
獨若遺我愚人之心也哉 沌沌兮 俗人昭昭 我獨昏昏 俗人察察
我獨悶悶 澹兮其若海 飂兮若無止 衆人皆有以 而我獨頑且鄙
我獨異於人 而貴食母

註解

- 유(唯): '예' 하고 정중하게 대답하는 것.
- 아(阿): '응' 하고 얕잡아 대답하는 것.
- 황혜(荒兮): 아득히 멀게. 광막(廣漠)하게.
- 앙(央): 다하다(盡也).
- 희희(熙熙): 희희(嬉嬉)와 같다. 기뻐서 웃는 모양.
- 태뢰(太牢): 나라의 큰 제사에 제물로 쓰는 소·양 등을 가리킨 말. 여기에서는 소·양 따위의 맛 좋은 고기의 뜻으로 쓰고 있다.
- 춘대(春臺): 봄 동산.
- 박혜(泊兮): 담담하고 안정(安靜)한 모양.
- 조(兆): 조짐. 징조. 낌새.
- 해(孩): 갓난아이의 웃음.
- 래래혜(儽儽兮): 나른한 모양. 고달픈 모양.
- 유여(有餘): 남음이 있다. 여기에서는 세상 사람들이 욕망에 대한 의욕이 넘쳐 있는 것을 말함.
- 유(遺): 유실(遺失). 잃어버림.
- 돈돈혜(沌沌兮): 아무런 변별(辨別), 분석함이 없는 어리석은 듯한 모양.

- 찰찰(察察): 밝고 자세한 모양. 빈틈 없고 분명한 모양.
- 민민(悶悶): 사리에 어두운 모양.
- 담혜(澹兮): 담담하고 안정한 모양.
- 요혜(飂兮): 흘러가는 모양.
- 식모(食母): 유모(乳母). 여기에서는 생의 근본이라는 뜻. 왕필(王弼)은 '食母生之本也'라고 주석하였다.

·解義·

앞 장에서, 나라를 다스리는 길(道)은 인의(仁義)니, 성지(聖智)니, 교리(巧利)니 하는 것을 버리고 무위자연의 정치로 돌아가는 것이라고 말하였다.

이 장에서는, 몸을 닦는 길은 세속적인 학문과 욕망을 버리고 생의 근본, 즉 본연의 도를 지키라는 것을 말하였다.

그는 '나'라는 1인칭을 빌어서 큰 도(大道)에 통한 사람의 모습을 표현하고 있다. 세상 사람들은 학문이란 것 때문에 근심 속에 살고 있다. 학문을 하려면 진보 있기를 바란다. 진보가 없으면 근심한다. 남과 비교하여 뒤떨어지면 근심한다. 학문은 선을 행하고 악을 버리라고 가르친다. 어떤 일은 선, 어떤 일은 악이라고 가르친다. 선을 하려고 근심하고, 악을 하지 않으려고 근심한다.

또 학문이 진보하면 지혜가 늘고 지혜가 늘면 욕망도 늘어난다. 욕망이 늘어나면 근심도 증대한다.

그러나 무위자연의 도에서 바라보면 그 선이니 악이니 하는 것이 무슨 그다지 대단한 차이가 있는 것이며, '예' 하고 정중하게 응대하는 것과 '응' 하고 오만하게 대답하는 것에 무슨 그다지 큰 차이가 있단 말인가. 오직 자연의 대도(大道)에 순응할 뿐, 세속적인 욕망을 버린다면 무엇을 근심하겠는가. 인간이 학문이란 것을 버리고 무지(無知)·무욕(無欲)의 자연스런 모습으로 돌아간다면 근심은 없을 것이다.

그런데 나도 인간이니 남들이 두려워하는 일이면 나도 두려워해야 할 것이건마는 나는 세상 사람들과는 너무 거리가 멀다고 전제하고, 이하에 세상 사람들과 나(대도大道에 통달한 사람)와의 서로 어긋남을 이야기하고 있다. 글의 표면에서 나는 어리석다고 스스로 탄식하는 형식을 취하였으나, 실은 세속적인 지식과 욕망에 얽매인 세상 사람들을 개탄한 것이다.

그는 결론으로, 세상과 내가 다른 것은, 나는 생의 근본을 소중히 여기는 것이라고 하였다. 즉 도를 소중히 여긴다는 것이다.

제21장

큰 덕(大德)의 형태는 오직 도로부터 나온다.

도라는 것은 오직 황홀하기만 하여 그 형상을 분간해 인식할
수 없다.

볼 수도 없고 잡을 수도 없는 도(道), 그 속에 물(物)(실질(實質))
이 있다.

잡을 수도 볼 수도 없는 황홀한 도, 그 속에 형상이 있다.

도는 아득히 멀고 그윽히 어둡기만 하건마는, 그 속에 정기
(精氣)가 있다.

그 정기는 지극히 순진하다.

그 속에는 믿음성이 있다.

옛날부터 지금에 이르기까지 그 이름은 '사라지지 않는 것'이다.

그 사라지지 않는 도로부터 만물의 시초는 품부(稟賦)된다.

내가 어떻게 만물의 시초의 상태를 아느냐 하면, 위에서 말한 그러한 것에서 알게 된 것이다.

•原文•

孔德之容 惟道是從 道之爲物 惟恍惟惚 恍兮惚兮 其中有物
惚兮恍兮 其中有象 窈兮冥兮 其中有精 其精甚眞 其中有信
自古及今 其名不去 以閱衆甫 吾何以知 衆甫之狀哉 以此.

註解 ──────────

- 공덕(孔德): 큰 덕(大德). 또는 공(孔)을 공(空)과 같은 의미로 보아서 공덕(空德), 즉 공허한 덕으로 해석하는 이도 있다. 큰 덕은 곧 무(無)에서 나오는 것이므로 대덕과 같은 것이다.

- 용(容): 형용, 형태.

- 종(從): 거기로부터.

- 황홀(恍惚): 형상을 분별해 인식할 수 없는 모양.

- 기중유물(其中有物): 기(其)는 도(道)를 가리킨 것이니, 눈에 보이지 않는 도 속에 물(物), 즉 실질(實質)이 있다는 뜻.

- 상(象): 형상. 모습.

- 요혜명혜(窈兮冥兮): 깊고 멀고 그윽하고 어두운 모양.

- 정(精): 정기(精氣).

- 불거(不去): 사라지지 않음. 없어지지 않음. 여기에서는 명사로 쓴 것 같다.
- 열(閱): 품부(稟賦). 하상공(河上公)의 주석에 '閱稟也'라고 하였다.
- 중보(衆甫): 중(衆)은 여럿이라는 뜻, 보(甫)는 시초라는 뜻이니, 즉 만물의 시초이다(甫始也).

• 解義 •

이 장에서는 덕(德)이란 것이 도(道)에서 나왔음을 말하고 있다.

도는 본질이요, 덕은 작용이며 현상이다. 그러므로 큰 덕(孔德)의 모든 현상은 다 도(道)에서 나오는 것이다.

원래 도라는 것은 황홀한 존재여서 그 형상을 알 수 없다. 그러나 그중에 상(像)이 있고, 그중에 실질이 있다. 그 상이, 그 실질이 나타나 보이는 것이 곧 덕의 모습이다.

도는 아득히 멀고 그윽이 어두운 것 같지만 그 속에 정(精)이 있다.

그 정은 매우 순진하다. 그 속에는 믿음(信)이 있다.

도 그것은 예전이나 지금이나 변함이 없다. 그 이름은 사라지는 일이 없다. 그 사라지지 않는 도로부터 천지 만물의 시초가 품부(稟賦)된다는 것이다.

우리가 인식할 수 있는 모든 위대한 덕은 실은 다 도에서 나온다는 것이다.

　노자는 이러한 도와 덕의 관계에서 만물의 시초가 어디에서 왔다는 것을 알았다고 하였다.

제22장

휘어지는 나무는 꺾이지 않기 때문에 안전할 수 있다.

몸을 구부리는 자벌레는 장차 곧게 펴기 위함이다.

땅은 우묵하게 파인 곳이 있어야 물이 채워지고, 옷은 해어져야 새 옷을 입게 된다.

수가 적으면 그중의 어느 것이 가장 좋은 것인가를 찾아낼 수 있지마는, 수가 많으면 그중의 어느 것이 가장 좋은 것인가를 찾아내기에는 의혹이 생긴다.

그런 까닭에 성인은 오직 하나, 즉 도(道)만 굳게 지키고 있어서 천하의 모범이 된다.

성인은 스스로 존재를 나타내려고 하지 않는다. 그런 까닭에 그 존재는 밝게 나타난다,

성인은 스스로 옳다고 주장하지 않는다. 그런 까닭에 그 옳은 것이 드러난다.

스스로 뽐내지 않기 때문에 성공할 수 있고, 스스로 자랑하지 않기 때문에 그의 공은 오래갈 수 있는 것이다.

성인은 도무지 다투지 않는다. 그런 까닭에 천하가 그와 맞서서 다툴 수 없는 것이다.

'휘어지는 나무는 안전하다'고 한 옛말이 어찌 빈말이겠는가. '천하는' 진실로 안전하게 그에게 돌아갈 것이다.

•原文•

曲則全 枉則直 窪則盈 敝則新 少則得 多則惑 是以聖人抱一
爲天下式 不自見故明 不自是故彰 不自伐故有功 不自矜故長
夫唯不爭 故天下莫能與之爭 古之所謂 曲則全者 豈虛言哉
誠全而歸之

註解 ────────────────────────

- 왕(枉): 굽히다.
- 와(窪): 우묵하게 패인 곳. 웅덩이.
- 폐(敝): 옷이 해어지다. 떨어지다.

- 포일(抱一): 포(抱)는 안고 있다. 일(一)은 도(道)를 말한 것. 즉 도(道) 하나만을 굳게 지키는 것.
- 식(式): 모범.
- 자현(自見): 스스로 자신의 존재를 나타내는 것.
- 자시(自是): 스스로 자기가 옳다고 주장하는 것.
- 자벌(自伐): 스스로 자랑하는 것.
- 성전이귀지(誠全而歸之): 이 구절의 해석에는 여러 설이 있다. 여기에 서는 영야방부(永野芳夫) 씨의 설에 좇아 해역(解譯)하였다.

•解義•

이 장에서는 오직 하나만을 지키라는 것을 말하고 있다. 모든 사물에 있어서 많으면 의혹이 생긴다. 갈림길이 여러 개 있으면 어느 길이 가야 할 길인지 의심이 난다. 많은 물건이 뒤섞여 있으면 그중 어느 것이 좋은 것인지 가리기 어렵다. 그런 까닭에 오직 하나만을 지키라는 것이다. 하나는 적은 것의 극치이기 때문이다. 그 하나라는 것은 도(道)를 가리킨 것이다.

성인은 도 하나만을 지켜서 천하의 모범이 되는 것이다. 성인은 무위자연의 도를 지켜, 스스로 자신의 존재를 밝히려 하지 않는다. 그런 까닭에 도리어 밝게 드러난다. 스스로 옳다고 주장하지 않는 까닭에 그 옳은 것이 드러난다. 스스로 자랑하지 않기 때문에 공은 그에게 있게 되고, 스스로 칭찬하지 않기 때문에 그의 공은 오래 갈 수 있는 것이다.

그렇게 스스로 드러내지도, 옳다고 주장하지도, 공을 자랑하지도 않건마는 도리어 천하의 모범이 되는 것이다. 그러기에 휘어지는 나무는 안전하고, 지금 굽히는 것은 장차 곧게 펴려는 것이 된다. 땅은 우묵하게 파여야 물이 채워지고, 옷은 해져야 새 옷을 입게 되는 것과 같은 것이다.

성인은 오직 하나, 도만을 지키고 다투지 않는다. 이쪽에서 다투지 않기 때문에 천하가 그와 다툴 수 없는 것이다. 남과 다투지 않는다는 것은 겸허하게 남의 아래에 즐겨 있다는 것이다. 그것은 휘어지는 나무가 꺾이지 않는 것과 같은 것이다.

그렇듯 천하와 다투지 않고 천하의 모범이 된다면 진실로 안전하게 천하의 마음은 그에게로 돌아갈 것이다.

제23장

희언(希言)은 자연스럽다. 그런 까닭에 회오리바람은 아침 내
내 끝까지 불지 못하고, 소나기는 온종일 오는 법이 없다. 누가
회오리바람을 불게 하고 소나기를 오게 하는가. 천지가 한다.

천지도 오히려 그러한 부자연스러운 일은 오래 하지 못한다.
하물며 사람에게 있어서 자연에 어그러지는 일을 할 수 있겠
는가.

그런 까닭에 도에 좇아 행동하는 자는 도에 동화되고, 덕(德)
에 좇아 행동하는 자는 덕에 동화되며, 잘못된 것에 좇아 행동
하는 자는 잘못에 동화된다.

도는 도에 동화되는 자를, 덕은 덕에 동화되는 자를, 잘못은
잘못에 동화되는 자를 얻는 것을 즐겨할 것이다.

나에게 믿음성이 부족하면 남이 나를 불신하는 일이 있을 것이다.

•原文•

希言自然 故飄風不終朝 驟雨不終日 孰爲此者 天地 天地尙
不能久 而況於人乎 故從事於道者〔道者〕同於道 德者同於德
失者同於失 同於道者 道亦樂得之 同於德者 德亦樂得之 同
於失者 失亦樂得之 信不足焉 有不信焉

註解

- 희언(希言): 들으려고 해도 들을 수 없는 소리. 제35장에 '도에서 나오는 말은 담박하여 맛이 없다. 보려고 해도 볼 수 없고, 들으려고 해도 들을 수 없다'고 했다. 그러니 그 들을 수 없는 말, 즉 희언(希言)은 도(道)에서 나오는 말이다. 여기에서는 희언=도의 뜻으로 해석된다.
- 표풍(飄風): 회오리바람.
- 종조(終朝): 새벽부터 아침까지.
- 종사어도(從事於道): 도에 좇아 도 대로 하는 것.
- 동어도(同於道): 도에 동화하다. 도와 동체(同體)가 되다.

· 解義 ·

희언은 들으려고 해도 들을 수 없는, 도에서 나오는 말이다. '도에서 나오는 말은 담박하여 맛이 없다. 보려고 해도 볼 수가 없고, 들으려고 해도 들을 수 없다. 그러니 맛도 없고 들을 수도 없는 말은 곧 자연의 지언(自然之至言)이다'라고 왕필(王弼)은 주 해하고 있다.

도는 자연스러운 것이다. 그러므로 부자연스러운 회오리바람 은 아침 내내 부는 일이 없고, 갑작스런 소나기는 온종일 내리 는 일이 없다. 회오리바람과 소나기는 하늘이 하는 일이다. 하늘 도 이러한 부자연스러운 일은 오래 계속하지 못한다. 하물며 사 람이 부자연한 일을 오래 행할 수 있겠는가.

그러니 사람은 자연의 도를 체득하기에 힘써야 한다. 도에 좇 아 행동하는 사람은 도에 동화되고, 덕에 좇아 행동하는 사람 은 덕에 동화되며, 잘못된 것에 좇아 행동하는 사람은 잘못에 동화된다.

도에 동화하는 자라면 도도 그를 즐거이 받아들일 것이다. 덕 에 동화하는 자라면 덕도 그를 즐거이 받아들일 것이다. 잘못에 동화하는 자라면 잘못도 그를 즐거이 받아들일 것이다.

그러므로 사람은 그 자신이 종사하는 것에 따라 도를 얻을

/ 제23장 / III

수도 있고, 도를 잃을 수도 있는 것이다. 그러니 사람은 스스로 자연의 도에 좇아 그대로 행동하는 것을 배워야 한다.

자연의 도는 언제나 믿음성이 있다. 밤이 지나면 아침이 오고, 겨울이 가면 다시 봄이 온다. 그러므로 우리는 자연의 도를 믿어 의심하지 않는다.

이쪽에 믿음성이 부족하면 저편에서 믿지 않는 것이다.

이 장에서는 인간의 부자연한 행동이 오래 지속되지 못함을 말하고 있다. 그러니 도를 체득하기에 힘쓰라고 한 것이다.

제24장

  발끝을 제겨디딘 자는 서 있을 수 없고, 걸터앉은 것처럼 가
랑이를 한껏 벌린 자는 걸을 수 없다.

  스스로 나타내는 자는 분명히 나타나지 않고, 스스로 잘하
였다고 주장하는 자는 드러나지 않는다. 스스로 칭찬하는 자는
공(功)이 없고, 스스로 자랑하는 자는 오래가지 못한다.

  그러한 일들을 도의 견지에서 보면 먹다 남은 음식 같고, 거
절당한 방문(訪問) 같은 것이어서 남이 혹은 미워한다. 그러므
로 도행(道行)이 있는 자는 그러한 일을 하지 않는다.

• 原文 •

企者不立 跨者不行 自見者不明 自是者不彰 自伐者無功 自

矜者不長 其在道也 曰餘食贅行 物或惡之 故有道者不處

註解

- 기(企): 기(跂)와 같다. 발꿈치를 들고 발끝으로 제겨디디는 것.
- 과(跨): 걸터앉은 것처럼 다리를 양쪽으로 한껏 벌린 자세.
- 여식췌행(餘食贅行): 여식(餘食)은 먹다 남은 밥. 췌행(贅行)은 갈 필요 없는 데 가는 것. 거절당한 방문이니 쓸데없는 가외의 일이라는 뜻.
- 물(物): 남.
- 불처(不處): 그런 곳에 있지 않는다는 말. 여기에서는 그러한 일을 하지 않는다는 뜻이다.

• 解義 •

이 장에서는 부자연한 지나친 행동을 하지 말라는 것을 말하고 있다.

아무리 높은 자세를 하고 싶더라도 발끝을 제겨디디고는 오래 설 수 없으며, 아무리 빨리 가고 싶더라도 가랑이를 한껏 벌려 걸터앉은 것처럼 한 자세로는 걸을 수가 없는 것이다. 스스로 자신을 선전하려고 자랑하면 그런 자는 도리어 세상이 알아주지 않으며, 자신이 옳다고 주장하는 자는 도리어 모호한 구석

이 있다. 스스로 칭찬하는 자는 실은 공이 없는 자이며, 스스로
공을 자랑하는 자는 오래가지 못하는 것이다. 도의 견지에서 그
러한 일들을 보면 모두가 먹다 남은 밥과 같고, 거절당하는 방
문과 같은 것이어서, 지나치고 부자연스러운 것이다. 남들은 그
런 행동을 미워한다.

그런 까닭에 자연의 도를 몸에 지닌 사람은 그런 일을 하지
않는다고 한 것이다.

제25장

　혼돈 상태에서 이루어진 것이 있어서, 천지보다도 먼저 생겼다.

　고요히 소리도 없고 형체도 없다. 짝도 없이 홀로 있다. 언제나 변함이 없다. 어디에나 안 가는 곳이 없건마는 깨어지거나 손상될 위험이 없다. 그것은 천하 만물의 어머니가 될 만하다.

　나는 그것의 이름을 알지 못한다. 그래서 자(字)를 도(道)라고 지어 부른다. 억지로 이름을 붙여 '큰 것(大)'이라고 한다.

　무한히 크기(無限大) 때문에 안 가는 곳이 없다. 어디에나 가(逝)기 때문에 멀(遠)다. 멀리 갔다간 다시 본자리로 돌아온다.

　그런 까닭에 도는 크다.

　하늘도 크다.

　땅도 크다.

왕(王)도 또한 크다.

우주에는 네 가지의 큰 것이 있다. 왕(王)도 그중의 하나이다.

사람은 땅의 법칙에 따르고, 땅은 하늘의 법칙에 따르고, 하늘은 도의 법칙에 좇고, 도(道)는 자연의 법칙에 좇는다.

·原文·

有物混成 先天地生 寂兮寥兮 獨立不改 周行而不殆 可以爲
天下母 吾不知其名 字之曰道 强爲之名曰大 大曰逝 逝曰遠
遠曰反 故道大 天大 地大 王亦大 域中有四大 而王居其一焉
人法地 地法天 天法道 道法自然

註解

- 혼성(混成): 혼(混)은 혼돈(混沌)이니, 하늘과 땅이 나뉘기 이전의 정체를 파악할 수 없는 원물(原物)의 상태란 뜻이고, 성(成)은 이루어졌다는 뜻이니, 혼성(混成)은 혼동 상태에서 이루어졌다는 뜻.
- 적혜요혜(寂兮寥兮): 고요하고 휑하니 빈 모양, 적은 소리 없는 상태. 요는 형체가 없는 상태를 표현한 것.
- 독립(獨立): 도(道)에 필적할 만한 것이 아무것도 없기 때문에 홀로 있다고 한 것.
- 불개(不改): 고치지 않는다. 변함이 없다. 도는 언제나 그 활동은 변

하지 않는다는 것으로서, 도의 항존성(恒存性)을 표현한 것이다.

- 주행(周行): 골고루 간다는 뜻이니, 도(道)는 어디에나 미치지 않는 곳이 없으므로 골고루 간다고 한 것, 즉 도의 보편성을 말한 것이다.

- 불태(不殆): 위태하지 않다. 도는 어디든지 가지만 분열하거나 손상될 위험이 없다는 것, 즉 도의 불멸성을 말한 것이다.

- 천하모(天下母): 천하 만물의 어머니. 만물의 창조자. 만물의 시원(始元).

- 대왈서(大曰逝): 도(道)는 무한대한 우주의 구석구석 없는 곳이 없다. 그러므로 도는 무한대한 것이며, 안 가는 곳이 없기 때문에 도는 멀리 가는 것이라고 한 것이다.

- 서왈원(逝曰遠): 도는 안 가는 곳 없이 먼 곳까지도 가기 때문에 도는 멀다고 한 것이다.

- 원왈반(遠曰反): 반(反)은 돌아온다는 뜻. 도는 멀리까지 가지만 가고만 마는 것은 아니다. 언제나 본래의 위치에 돌아와 있다는 뜻이다.

- 역중(域中): 여기에서는 우주 안을 가리킨 말.

- 법(法): 법칙을 삼는다. 본받다.

• 解義 •

이 장은 도(道)의 본질을 말한 것이다.

도(道)는 하늘도 땅도 아직 열리기 전에, 정체를 파악할 수 없는 근원이 있어서 천지보다 먼저 생겼다.

고요히 소리도 없고 형체도 없다. 그의 짝이 될 만한 것은 우주 사이에 아무것도 없어서, 도는 홀로 있다. 이것이 도의 독립성이다. 도는 예전이나 지금이나, 위에서나 아래서나, 그 어느 때, 어디에서나 그 활동을 변하는 일이 없다. 이것이 도의 항존성(恒存性)이다.

도는 안 가는 곳이 없다. 도의 힘이 미치지 않는 곳은 없다. 이것이 도의 보편성이다. 도는 위태하지 않다. 도의 본질은 분열하거나 손상되거나 가감이 생기거나 병들거나 소멸하는 일이 없다. 이것이 도의 불멸성이다.

이렇게 위대한 것이 도다. 그러니 도는 천하 만물의 어머니가 될 수 있는 것이다.

노자는 "나는 원래 그것의 이름을 모른다. 도라는 것은 그것의 이름이 아니다. 그 이름을 모르기 때문에 이름 대신에 자(字)를 '도(道)'라고 지었다"고 말하였다.

도라는 글자는 원래 길이라는 뜻이다. 길은 모든 것이 안전하게 좇아갈 수 있는 곳이기 때문이다. 그러나 그것만으로는 부족하기 때문에 억지로 이름을 붙여서 '큰 것(大)'이라고 한다.

도는 크기 때문에 무한대한 우주의 구석구석까지 안 가는 데가 없다. 그래서 도는 길다고 한다.

도는 어디까지나 가기 때문에 멀다고 한다.

도는 아무리 멀리까지 가더라도 항상 제 본위치에 돌아온다. 그래서 도는 돌아온다고 한다.

그런 까닭에 도는 크다.

하늘도 크다.

땅도 크다.

임금〔王〕도 크다. '임금은 사람을 대표한다.'

우주 가운데 네 가지의 큰 것이 있으니, 그중에 사람을 다스리는 군주가 있다.

사람은 땅의 법칙을 본받는다. 그리하여 그들의 생을 영위하고 안전을 얻는다.

땅은 하늘의 법칙을 본받는다. 그리하여 땅 위의 만물을 온전히 싣〔載〕고 또 생육시킬 수 있다.

하늘은 도를 법칙으로 한다. 그리하여 그 운행과 활동을 그르치지 않는다.

도는 자연을 본받는다. 큰 도〔大道〕의 법칙은 곧 자연의 법칙이다. 자연이란 말은 작위하지 않는다는 뜻이다. 작위하지 않건마는 천지 만물이 저절로 마땅하지 않은 것이 없음이 자연인 것이다.

노자는 천지보다 도가 크고, 도보다 자연이 크다고 생각한다. 그래서 그의 도는 무위자연의 도인 것이다.

이 장은 도의 위대함을 유감없이 표현한 명문장으로 감상할 만하다.

제26장

　무거운 것은 가벼운 것의 근본이 되고, 안정한 것은 조동(躁動)하는 것의 임금이 된다.

　그런 까닭에 성인인 왕자(王者)는 온종일 경쾌한 수레를 타고 여행을 하더라도 무거운 짐을 실은 짐수레(輜重)를 버리고 먼저 가는 일이 없으며, 비록 화려한 구경거리가 있을지라도 편안한 마음으로 초연(超然)히 있으면서 설레지 않는 것이다.

　어찌 만승천자(萬乘天子)의 몸으로서 천하를 가볍게 다룰 수 있겠는가. 경솔하게 하면 근본을 잃게 되고, 조급하게 움직이면 군주된 지위를 잃을 것이다.

重爲輕根 靜爲躁君 是以聖人終日行 不離輜重 雖有榮觀 燕

處超然 奈何萬乘之主 而以身輕天下 輕則失本 躁則失君

註解 ─────────────────────────

• 조(躁): 조급하게 움직이는 것. 조동(躁動).

• 성인(聖人): 여기에서는 왕자(王者), 즉 훌륭한 임금을 가리킨다.

• 치중(輜重): 무거운 짐을 실은 수레.

• 영관(榮觀): 화려한 구경.

• 연처(燕處): 편안한 마음으로 있는 것.

• 초연(超然): 구애되지 않은 모양.

• 만승지주(萬乘之主): 전차(戰車) 1만 대를 가지는 임금, 즉 천자(天子)
  인 군주를 일컬은 것. 만승천자(萬乘天子)라고도 한다.

• 본(本): 왕필(王弼)은 본(本)을 몸(身)으로 풀이했다. 여기에서는 그냥
  근본이라고 풀이하였다.

• 실군(失君): 왕필(王弼)은 군주(君主)의 지위로 풀이하였다(失君爲失君
  位). 여기서는 왕필의 해설에 좇는다.

─────────────────────────

· 解義 ·

이 장에서는 사람의, 특히 군주(君主)된 자의 몸가짐과 행동

은 반드시 신중하게, 그리고 안정(安靜)하게 하여야 한다는 것을 경고하고 있다.

근본은 지엽(枝葉)보다 무겁다. 근본이 지엽보다 가벼우면 나무는 쓰러질 것이다. 어떤 물건도 가벼운 것이 무거운 것을 잡고 있을 수는 없다. 그러므로 무거운 것은 가벼운 것의 기초인 것이다. 안정은 조동(躁動)의 임금이다. 안정이 있으면 조동은 제어된다. 그러니 조동을 다스리는 것은 안정이다.

그러므로 사람의 행동이나 몸가짐도 항상 무겁고 고요하게 하여야 한다. 그런 까닭에 훌륭한 임금은 행군할 때에 가벼운 수레로 빨리 달릴 수 있건마는 무거운 짐수레를 버리고 홀로 먼저 떠나가지 않는다. 그것은 무거운 치중(輜重)을 표준으로 하기 때문이다. 무거운 짐수레를 근본으로 하지 않고 가벼운 수레를 표준으로 한다면 그 행군은 분단되고 흩어지게 될 것이다.

훌륭한 군주는 비록 호화로운 구경거리가 있더라도 태연하게 안정하고 설레거나 경동(輕動)하지 않는다.

어찌 천자(天子)의 몸으로서 천하 백성들 위에서 가볍게 행동할 수 있겠는가.

경동하면 임금된 도리의 근본을 잃어버릴 것이며, 함부로 날뛰면 임금된 지위를 잃어버릴 것이다. 몸가짐과 행동과 모든 일

의 처리는 항상 신중하게, 그리고 고요히 침착하게 하여야 한다
는 것이다.

제27장

　무위자연의 도(道)에 순응한 선행(善行)에는 자국이 없고, 도
에 맞는 선언(善言)에는 허물이 없으며, 선(善)으로 셈을 하면 산
가지를 쓰지 않아도 된다.

　선(善)으로 닫으면 문빗장을 지르지 않아도 열 수 없으며, 선
(善)으로 맺으면 밧줄로 묶지 않아도 풀 수가 없다.

　그러므로 성인은 항상 선으로 사람을 구제하기 때문에 버리
는 사람이 없다. '무위자연'의 도에 순응하여 작위(作爲)함도, 드
러내는 일도 없이 저절로 강화하게 하기 때문이다. 이것을 겉으
로 드러내지 않는 밝음이라고 한다.

　그런 까닭에 선량한 사람은 불선(不善)한 사람의 스승이 되
고, 불선한 사람은 선량한 사람의 수양에 참고 자료가 되는 것

이지만, 그 선량한 사람 또는 불선한 사람이란 것을 드러내는 것은 무위자연의 도에 따른 선(善)으로 사람을 구제하는 길이 아니다. 그러므로 성인은 스승이 될 만한 사람이라고 해서 귀중하게 여기지도 않고, 남의 참고자료가 되는 사람이라고 하여 사랑하지도 않는다. 비록 성인은 지혜가 있으나 크게 우매한 것 같다.

이렇게 드러내지도 않고 작위하는 일도 없이 잘 구제하는 것을 성인의 오묘한 도의 작용이라고 한다.

·原文·

善行無轍迹 善言無瑕讁 善數不用籌策 善閉無關楗而不可開
善結無繩約而不可解 是以聖人常善救人 故無棄人 常善救物
故無棄物 是謂襲明 故善人者 不善人之師 不善人者 善人之
資 不貴其師 不愛其資 雖智大迷 是謂要妙

註解

- 선(善): 여기에서 말한 선(善)은 무위자연의 도에 따른 최선을 말한 것으로 해석된다.
- 철적(轍迹): 수레바퀴가 지나간 자국.

- 하적(瑕跡): 흠. 허물.
- 주책(籌策): 산가지. 옛날에 셈할 때에 사용하던 산가지.
- 관건(關鍵): 문빗장.
- 승약(繩約): 밧줄로 묶음.
- 습명(襲明): 이 낱말의 주석에는 여러 가지 설이 있다. 습(襲)은 안에 입은 옷을 덮기 위한 겉에 입는 옷이라는 뜻이다. 그러므로 여기에서는 습명을 겉에 드러나지 않는 밝음이라고 풀이했다. 즉 겉을 덮은 밝음이니 성인의 무위자연의 도에 따른 밝은 지혜가 외면에 드러나지 않는다는 뜻이다.
- 선인, 불선인(善人, 不善人): 선인, 불선인은 단순히 선량한 사람, 불선한 사람이라는 뜻이다. 여기서 선이란 글자는 위 문장에서와 달리 무위자연의 도에 따른 최선을 의미하는 것이 아니다.
- 자(資): 돕는다, 취한다는 뜻이니, 여기에서 불선(不善)한 사람이란 것은 선량한 사람의 수양에 경계하는 자료가 된다는 뜻. 즉 도움이 된다는 뜻이다. 타산지석(他山之石)이라는 뜻.
- 대미(大迷): 매우 우미(愚迷)한 것.
- 요묘(要妙): 오묘한 도의 작용.

• 解義 •

이 장에서는, 무위자연의 도에 순응한 성인이 사람을 교화하는 방법은 겉으로 드러나지도 않고 작위함도 없이 모든 사람이 제각기 마땅한 바로 돌아가도록 감화시킨다는 것을 말하고 있다.

여기에서 선(善)이라고 한 것은 무위자연의 도에 순응한 최선을 의미한다. 이 최선의 도에 순응하면, 수레가 지나가도 바퀴자국이 없다고 비유하여, 그러한 선행은 그 공적이 표면에 드러나지 않는다고 말하였다.

또 그러한 선에서 나오는 말에는 결함이 없다고도 하였다. 그러한 선(善)으로 셈을 하면 산가지를 사용하지 않고도 잘 알 수 있으며, 선(善)으로 닫으면 문빗장을 지르지 않아도 문이 열리지 않고, 밧줄로 묶지 않아도 풀리지 않는다고 하였다.

이상에서 말한 일들은 모두 사물이 자연에 순응하였을 뿐 새로 창조하는 일도, 인위적으로 작위하는 일도 없어서 형체나 형식을 가지고 사물을 규제하는 일이 없다는 것을 말한 것이다. 눈에 보이지도, 귀에 들리지도, 손에 잡히지도 않는 도, 그러나 그 자연의 도는 못하는 일이 없다. 그러한 자연의 도에 순응하기 때문에 자국이 있거나, 산가지가 필요하거나, 문빗장을 지르거나, 끈으로 묶거나 하지 않아도 된다는 것이다.

그러한 전제는 결국 다음에 나오는, 사람을 구제하는 성인의 도리를 말하기 위한 것이다.

성인은 정말 사람을 잘 구제한다. 성인에게는 버리는 사람이 없다. 만물에 대하여도 같다. 그것은 선인이니, 불선한 사람이니, 선행이니, 불선한 행동이니 하고 드러내지도 않으며, 그것을 교화하기 위한 계획도 작위함도 없다. 오직 무위자연의 도에 순응하여 제각기 그 본연의 마땅한 바에 돌아가게 할 뿐이다. 노자는 이런 것을 드러나지 않는 밝음이라고 말했다.

다음의 구절에서부터 끝까지(姑善人~要妙)는 그 해석에 여러 가지 설이 있다. 서로 정반대되는 설도 있다. 여기에서는 위원(魏源)의 『노자본의(老子本義)』에 나오는 설에 좇기로 한다. 선량한 사람은 불선(不善)한 사람의 스승이 되고, 불선한 사람은 선량한 사람의 타산지석(他山之石)이 되는 것이지만, 이미 선량한 사람이니 불선한 사람이니 하는 것을 나타나게 하면 그것은 사람을 잘 구제하는 것이 아니라 실은 사람을 버리는 것이다. 선한 사람은 남의 스승이 되려 하고, 또 남을 자기 수양의 자료로 이용하게 되며, 불선한 사람이 불선하다는 것을 세상에 드러내게 되는 것이다.

그러므로 성인은 그렇게 하지 않는다. 그 스승이 될 만한 사람을 특별히 귀중히 여기지 않고, 남의 수양에 자료가 되는 사람이라고 하여 특별히 애석해 하지도 않는다. 모두를 무위자연의 도에 맡겨서 본인들이 알지 못하는 동안에 제각기 본연의 마땅한 바로 돌아가게 할 뿐이다. 그러므로 성인은 비록 큰 지혜가 있으나 매우 우미(愚迷)한 것 같다.

이러한 일이 오묘한 도의 작용이라는 것이다.

제28장

수컷(雄)처럼 강장(強壯)하고 능동적인 힘을 발휘할 줄 알면
서, 암컷처럼 유순한 겸허를 지킨다면 모든 물이 저절로 모여드
는 계곡같이, 천하의 인심은 그에게로 돌아갈 것이다.

천하의 인심이 계곡에 물 모이듯 오게 된다면 덕은 항상 그에
게서 떠나지 않게 될 것이다. 그리하여 그 사람은 영아(嬰兒)의
상태로 다시 돌아갈 수 있을 것이다.

흰 빛처럼 빛나게 세상에 드러날 길을 알면서 검은 빛처럼 남
의 눈에 보이지 않는 자신을 지킨다면, 그는 천하 사람들의 모
범이 될 수 있다. 천하의 모범이 된다면 덕은 항상 그에게 어긋
남이 없을 것이다. 그리하여 다시 무극(無極)의 도(道)의 상태로
돌아갈 수 있을 것이다.

영예를 누릴 길을 알면서 짐짓 참고 굴욕의 위치를 지킨다면 모든 물이 모여드는 빈 골짜기처럼 천하의 인심이 그에게 돌아 갈 것이다. 천하의 물이 모이는 골짜기처럼 된다면 덕은 항상 그에게 풍족하게 될 것이다. 그리하여 원목(原木)처럼 소박한 도 (道)의 시원(始元)의 경지에 다시 돌아갈 수 있을 것이다.

원목(原木)이 쪼개어져 다듬어지면 여러 가지 기물(器物)이 생 산되는 것처럼 시원(始元)의 도가 덕으로 나타나면 인재(人材)가 배출된다. 성인은 그들을 써서 관(官)의 장(長)으로 한다. 그런 까닭에 성인은 천하를 다스릴 때는 큰 원칙만을 지키고, 세분하 지 않는다.

· 原文 ·

知其雄 守其雌 爲天下谿 爲天下谿 常德不離 復歸於嬰兒 知 其白 守其黑 爲天下式 爲天下式 常德不忒 復歸於無極 知其 榮 守其辱 爲天下谷 爲天下谷 常德乃足 復歸於樸 樸散則爲 器 聖人用之 則爲官長 故大制不割

註解 ────────────────────────

· 식(式): 모범.

- 특(忒): 어그러지다. 어긋나다.
- 무극(無極): 무(無)의 궁극의 상태. 천지가 있기 이전의 상태. 즉 도(道)의 시원(始元)을 말한 것.
- 박(樸): 아직 다듬지 않은 원목(原木)이니, 즉 소박한 것, 여기에서는 도(道)를 의미한다.
- 할(割): 분할이니, 세분(細分)하는 것.

·解義·

수컷은 강장(强壯)하고 능동적이며, 암컷은 유순하고 고요한 것이다. 성인은 수컷처럼 강장할 수 있으며 활동할 능력을 지니고도 암컷처럼 고요하고 겸허한 태도로 있다.

그렇게 하면 골짜기가 요구하지 않건마는 모든 물이 거기에 모여 오는 것처럼 온 천하의 인심이 그에게로 돌아갈 것이다.

그러한 도를 지키면 도의 작용·현상인 덕은 항상 그와 함께 있을 것이다. 그렇게 되면 그는 영아(嬰兒)와 같은 상태로 다시 돌아갈 것이다. 영아는 순수하고 욕심이 없으며 지혜를 쓸 줄 모른다. 그러나 영아의 상태는 자연의 도에 합치한다. 그것이 곧 무위자연의 도의 본연의 상태인 것이다.

같은 논리로서 흰 빛처럼 빛날 줄 알면서 짐짓 검은 빛처럼 남의 눈에 보이지 않는 자신을 지킨다면 천하의 모범이 될 수 있고, 덕은 항상 그에게 어긋남이 없을 것이다. 그렇게 하면 그는 무극(無極)의 상태로 돌아갈 것이다. 무극은 무(無)의 궁극의 상태, 천지가 있기 이전의 상태이니 즉 도의 시원을 말한 것이다.

영예를 누릴 방법을 알면서 짐짓 참고 굴욕의 위치를 지킬 수 있다면 천하의 계곡처럼 될 것이다. 계곡은 낮은 곳에 있으며, 더러운 것을 가리지 않는다. 그래서 모든 냇물은 그리로 모여드는 것이다. 성인도 그렇게 되면 덕은 항상 그에게서 떠나지 않을 것이다. 그는 다시 박(樸)의 상태로 돌아갈 것이다. 박(樸)은 산에서 벤 그대로 다듬지 않은 원시 상태의 통나무라는 뜻이니, 참되고, 질박하고, 순수하고, 처음임을 상징한다. 그것은 자연의 도의 본질을 의미한다.

그러한 원목이 잘라지고 나뉘어져 다듬어지면 그릇이 된다. 그것은 도의 본질이 현상으로 나타나면 온갖 덕으로 나타난다는 뜻이다. 그러한 덕을 가진 사람들을 성인이 등용하면 관원이 되고 군주가 되는 것이다.

그런 까닭에 성인은 천하를 다스리는 데 있어서 큰 원칙만을 지킬 뿐 세분하지 않는다. 무위자연의 도에 따를 뿐 번거롭고 복잡한 제도를 필요로 하지 않는다는 것이다.

제29장

장차 천하를 취득하고자 하여 작위(作爲)한다면 실패할 것임을 나는 안다.

천하는 신비한 그릇과 같아서 인공으로 작위할 수 없다.

그것을 인위적으로 작위하려 하는 자는 그것을 파괴할 것이며, 인위적으로 붙잡으려고 하는 자는 그것을 잃을 것이다.

대체로 세상 만물은 어떤 것은 앞서 가고 어떤 것은 뒤에 따라 간다. 어떤 것은 가늘게 숨쉬고 어떤 것은 크게 내뿜는다. 어떤 것은 강하고 어떤 것은 약하다. 어떤 것은 실려(載) 있고 어떤 것은 떨어진다. 이 모든 것은 자연의 법칙에 따를 뿐인 것이다.

그런 까닭에 성인(聖人)은 부자연하게 심(甚)한 것, 너무 지나친 것, 극대(極大)한 것을 버린다.

將欲取天下而爲之 吾見其不得已 天下神器 不可爲也 爲者
敗之 執者失之 凡物或行或隨 或歔或吹 或强或羸 或載或隳
是以聖人 去甚 去奢 去泰

註解

- 위지(爲之): 작위(作爲).
- 부득이(不得已): 여기서는 이루지 못하고 만다는 뜻.
- 신기(神器): 신비한 그릇.
- 집자(執者): 굳이 붙잡는 자. 여기에서는 천지자연의 법칙을 무시하고 인위적으로 천하를 자기의 것으로 하려고 고집하는 자라는 뜻.
- 허(歔): 숨을 가늘게 내쉬는 것.
- 취(吹): 숨을 크게 내뿜는 것.
- 휴(隳): 타(墮)와 같은 뜻이니 떨어지는 것.
- 사(奢): 지나친 것. '過也, 知言願望太過曰奢也'
- 태(泰): 극대(極大)한 것. '大之極也' '甚也'

•解義•

천하의 사물에는 어느 것이나 다 자연의 법칙이 있는 것이다.
이 장에서는 부자연하게 인위적으로 자연의 도에 어그러지는 일을 하려고 하면 그것은 성취되지 않는다는 것을 말하고 있다.

특히 천하를 취득한다는 것은 천명과 인심이 돌아가야 가능한 것이다. 천명과 인심이 그에게 돌아간다는 것은 자연의 도에 합치하여야 가능한 것이다. 그러므로 인위적으로 작위한다고 하여 성취될 수 없으며, 비록 한때 얻는 일이 있더라도 곧 잃어버릴 것이다. 그러므로 성인은 지나치게 부자연스러운 일을 하지 않는다.

제30장

　도(道)로 군주를 돕는 자는 병력으로써 천하에 강자가 되도
록 만들지 않는다. 그러한 일은 반드시 응보(應報)가 돌아오게
되는 것이다.

　군사가 주둔하던 곳에는 가시나무가 우거지게 마련이고, 큰
전쟁이 있은 뒤에는 반드시 흉년이 드는 것이다.

　그러므로 용병을 잘하는 사람은 목적만 달성하면 곧 그치고,
감히 그것으로 강하게 되려고 하지 않는다.

　전쟁의 목적을 달성하고는 자랑하지 아니하며,

　전쟁의 목적을 달성하고는 뽐내지 않으며,

　전쟁의 목적을 달성하고는 교만하지 않는다.

　용병을 단행하는 것은 부득이한 경우에 한할 것이며, 단행하

여 목적을 달성하여도 강한 체하지 말아야 한다.

　모든 사물은 강장(强壯)하면 곧 쇠퇴하는 것이다. 갑자기 강장하게 되거나, 지나치게 강장한 것은 부자연한 것이다. 이런 것은 천지자연의 법칙인 도에 어긋난다. 도가 아닌 것은 오래가지 못한다.

• 原文 •

以道佐人主者 不以兵强天下 其事好還 師之所在 荊棘生焉 大軍之後 必有凶年 善者果而已 不敢以取强 果而勿矜 果而勿伐 果而勿驕 果而不得已 果而勿强 物壯則老 是謂不道 不道早已

註解

- 인주(人主): 군주.
- 기사호환(其事好還): 그런 일, 즉 전쟁으로 남을 정벌하는 일 같은 것은 응보가 돌아오기 쉽다는 뜻. 왕필(王弼)은 '유도(有道)한 자는 무위(無爲)의 정치로 되돌아가기를 힘쓰기 때문에 돌아가는 것을 좋아한다'라고 해석하였다.
- 사(師): 군대.
- 형극(荊棘): 가시덤불.

- 대군(大軍): 큰 전쟁.
- 선자(善者): 여기에서는 용병(用兵)을 잘하는 자라는 뜻.
- 과(果): 달성하다. 성취하다. 과단이니 결행이니, 또는 구제하다로 해석하기도 한다.
- 장(壯): 강장(強壯). 여기에서는 '차라리 지나치게 강장하다. 또는 갑자기 강장하게 되다'라는 뜻이 있다.
- 노(老): 늙는 것, 즉 노쇠·쇠퇴의 뜻.
- 부도(不道): 무위자연의 도가 아님. 왕필(王弼)은 무력(武力)이 갑자기 흥왕하는 것은 도가 아니라고 주장하였다.
- 조이(早已): 일찍 그친다. 오래가지 못한다.

• 解義 •

앞 장에서는, 천하는 인위적으로 작위하여 얻어지는 것이 아니라고 하였다. 이 장에서는 도(道)를 가지고 남의 군주를 보좌하는 사람은 무력을 사용하여 그의 나라가 천하에 강한 나라가되게 하려고 하여서는 안 된다는 것을 역설하고 있다.

그러한 일, 즉 무력을 써서 남의 나라를 굴복시키면 그 나라에서는 그 원수를 갚으려 하기 때문에, 또는 호전적인 나라는 언젠가는 누구와의 싸움에서 패하게 마련이기 때문에 반드시 인과응보(因果應報)가 있다는 것이다.

전쟁이란 것은 인간을 가장 불행하고 처참한 지경에 빠뜨리는 것이다.

그러므로 군사들이 주둔해 있던 곳에는 가시덤불이 우거지게 되며, 큰 전쟁이 있은 뒤에는 반드시 흉년이 오게 되는 것이다. 인민은 사상(死傷)하거나 이산(離散)하고 농지(農地)는 황폐하게 되기 때문이다.

그런 까닭에 용병(用兵)을 잘하는 자는 무력을 사용하더라도 그 목적을 달성하면 곧 그쳐, 무력으로 강하게 되려고 하지 않는다. 그러기에 전쟁에서 이겼다고 하여 자랑하거나 뽐내거나, 더구나 교만하거나 하여서는 안 된다는 것이다.

전쟁을 단행한다는 것도 부득이한 경우에 어쩔 수 없이 하는 일일 뿐, 목적을 달성하고 나서는 강한 체하지 말라는 것이다.

세상 만물이 갑자기 강장(强壯)하여지면 쇠퇴하게 마련인 것이다. 갑자기 강성하여지거나 무력을 사용하여 남을 굴복시키는 것은 자연스러운 도(道)에 맞는 것이 아니다. 자연의 도에 어긋나는 것은 오래가는 일이 없다.

노자는 전쟁을 싫어한다. 그래서 다음의 제31장에서도 무기라는 것이 상서롭지 못한 기구(兵者不祥之器)임을 말하였다.

142

제31장

　훌륭한 무기라는 것은 실은 상서롭지 못한 기구(器具)이다. 세
상 사람들은 항상 그것을 미워한다. 그러므로 유도(有道)한 사람
은 무기를 쓰는 일을 좋아하지 않는다.

　군자는 평상시에는 왼쪽을 상석(上席)으로 하지만 용병(用兵)
하는 경우에는 오른쪽을 상석으로 한다.

　무기라는 것은 상서롭지 못한 기구다. 즉 군자의 기물(器物)은
아니다. 부득이하여 그것을 쓰게 되면 욕심 없는 담담한 마음
을 가지는 것이 가장 좋다. 싸워서 승리하더라도 잘하였다고 좋
아하여서는 안 된다.

　싸움에 승리한 것을 잘하였다고 좋아한다면 그것은 사람 죽
이는 것을 즐겨하는 것이다. 사람 죽이는 것을 즐겨하는 사람이

라면 천하에 뜻을 이룰 수 없다.

　　길사(吉事)에는 왼쪽이라는 위치를 높은 곳으로 하고, 흉사(凶事)에는 오른쪽이라는 위치를 높은 곳으로 한다. 그런데 군중(軍中)에서는 편장군(偏將軍)이 왼쪽에 위치하고 상장군(上將軍)은 오른쪽에 위치한다. 상사(喪事) 때의 예의(禮儀)를 여기에 쓰는 것이라고 한다. 많은 사람들을 죽였으므로 애도(哀悼)하는 마음으로 그들을 슬피 울어 주고, 전쟁에 승리하여도 상례(喪禮)로 이에 대처한다는 것이다.

•原文•

夫佳兵者 不祥之器 物或惡之 故有道者不處 君子居則貴左
用兵則貴右 兵者不祥之器 非君子之器 不得已而用之 恬淡爲
上 勝而不美 而美之者 是樂殺人 夫樂殺人者 則不可以得志
於天下矣 吉事尚左 凶事尚右 偏將軍居左 上將軍居右 言以
喪禮處之殺人之衆 以哀悲泣之 戰勝以喪禮處之

註解

• 가병(佳兵) : 훌륭한 무기.
• 물(物) : 여기에서는 세상 사람들이라는 뜻.

144

- 불처(不處): 거기에 편안히 있지 않는다. 여기에서는 무기 사용을 좋아하지 않는다는 뜻.
- 거(居): 평거(平居), 즉 평상시 보통 때.
- 염담(恬淡): 아무런 욕심이 없는 담담한 모양.
- 미(美): 찬미. 잘하였다고 좋아하는 것.
- 편장군(偏將軍): 부장(副將). 전군(全軍) 중 1부의 장군.
- 상장군(上將軍): 대장군.

•解義•

이 장에서는 앞 장에 이어 전쟁을 경계하고 있다. 무기는 상서롭지 못한 흉기며, 전쟁은 흉사로 다루어야 한다고 하였다.

노자가 이렇게 전쟁을 경계한 것은 그가 살던 시대의 상황이 그로 하여금 전쟁의 비참함을 절실히 느끼게 하였기 때문일 것이다. 노자의 시대에는 종주국(宗主國)인 주(周)나라가 아주 쇠약하여져서 천하를 통제할 능력이 없었고, 강성한 제후들이 제각기 패권을 다투어 전쟁을 일삼고 있었다. 그리하여 백성들은 도탄에 빠지고 농지(農地)는 황폐하여 흉년이 거듭되었으며, 천하의 풍조는 오직 침략과 전쟁을 어떻게 하면 잘할까 하는 일에만 열중하는 상태에 있었던 것이다.

제32장

　도(道)는 항상 이름이 없다.

　도는 박(樸)과 같은 것이다. 박은 아무런 가공도 하지 않은 순수 그대로의 원목이다. 박은 천지의 시원(始元)인 도를 상징한다.

　박으로 상징되는 도를 지킨다면 도가 비록 작더라도 천하의 누구도 도를 신하로 삼을 수는 없을 것이다.

　군주가 만약 도를 지킬 수 있다면 천하 만물은 저절로 그에게 찾아올 것이며, 하늘과 땅은 서로 화합하여 감로(甘露)를 내릴 것이고, 백성들은 명령하지 않아도 저절로 정제(整齊)하게 될 것이다.

　원목을 잘라서 온갖 이름의 기물을 만들듯이, 무명의 도(道)가 처음으로 현상화하여 천지 만물이 생성하고, 인간 사회에도 제도가 생겨 비로소 명분이란 것이 존재하게 되었다. 또한 이미 명분이 있게 되니, 장차 작위하고 서로 다투는 일이 생길 것이다. 그러니 그쳐야 할 한계를 알아야 한다. 그치는 것을 알면 위태하지 않을 수 있을 것이다.

비유하여 말하면, 도가 천하에 있는 것은 강과 바다의 냇물과 계곡에 대한 관계와 같은 것이다. 강이나 바다는 요구하지 않지만, 내와 계곡의 물들이 제대로 바다에 모여 오듯이 천하에 도를 행하는 자에게는 만물이 저절로 찾아오고, 백성들은 명령하지 않아도 저절로 정제하게 되는 것이다.

・原文・

道常無名 樸雖小 天下莫能臣也 侯王若能守之 萬物將自賓
天地相合 以降甘露 民莫之令而自均 始制有名 名亦旣有 夫
亦將知止 知止可以不殆 譬道之在天下 猶川谷之於江海

註解 ────────────────────────

• 도상무명(道常無名): 도는 형체도 없고, 볼 수도, 잡을 수도 없어서 무엇이라고 이름 할 수 없다. 그러므로 도는 항상 이름이 없다고 한 것.
• 감로(甘露): 단 이슬. 옛날 천하가 태평하면 하늘이 상서로 감로(甘

露)를 내리는 것이라고 하였다.

- 자균(自均): 균(均)은 균평하다. 정제(整齊)하다는 뜻. 저절로 정제하게 된다.
- 시제유명(始制有名): 무명한 도가 현상화하여 비로소 여러 가지 이름 있는 것으로 나타나는 것.

•解義•

도라는 것은 형체도 없고 들을 수도 없고 감각할 수도 없는, 정체를 파악할 수 없는 존재로서 언제나 이름 붙일 수 없는 것이다.

도는 박(樸)과 같은 것이다. 박이란 것은 아무런 가공을 하지 않은, 산에서 벤 순수 그대로의 원목(原木)을 가리킨 말이다. 그것은 천지의 시원(始元)인 도를 상징한다. 이러한 천지의 시원인 도를 천하의 누구도 자기의 신하로 삼아 그 위에 군림할 수 없는 것이다.

군주가 만약 이 도를 지켜 무위(無爲)의 정치를 할 수 있다면 천하 만물은 저절로 손(賓)처럼 찾아올 것이다. 그렇게 되면 하늘과 땅은 서로 화합하여 감로(甘露)를 내려 줄 것이고, 백성들은 이렇게 하라, 저렇게 하라고 명령하지 않아도 저절로 잘 다스려질 것이다.

　원래 도는 이름이 없는 것이지만, 원목을 잘라서 온갖 기물 (器物)을 만들면 기물의 이름이 생기듯이, 무명의 도가 처음으로 현상화하면 천지 만물이 생기고, 인간 사회에도 제도가 생기고, 관원과 군주가 있게 되어 비로소 명분이란 것이 있게 된다.

　또한 이미 제도가 있고 명분이 있게 되니, 장차 작위하고 서로 다투는 일이 생기게 되는 것이다. 그대로 미루어 가면 구제할 수 없는 혼란 상태에 빠질 것이다. 그러니 그칠 줄 알아야 한다. 즉 도의 본연의 상태로 복귀할 줄 알아야 한다.

　도가 천하에 있는 것은, 비유하여 말하면, 강과 바다의 냇물과 계류(谿流)에 대한 관계와 같은 것이다. 강이나 바다가 요구하지 않아도 냇물과 계류는 바다와 강에 모여 오듯이, 도를 행하는 군주에게는 천하의 인심이 저절로 그에게로 돌아가서, 명령하지 않아도 백성들은 저절로 잘 다스려질 것이다.

제33장

　남을 아는 사람은 지혜 있는 자이지만, 자신을 아는 사람은 더욱 명찰(明察)함이 있는 자이다.

　남을 이기는 사람은 힘이 있는 자이지만, 자신을 이기는 사람은 더욱 강한 사람이다.

　만족할 줄 아는 사람은 넉넉하고, 근면역행(勤勉力行)하는 사람은 뜻이 있는 자이다.

　자신의 위치를 잃지 않는 자는 장구(長久)할 수 있고, 사력(死力)을 다하여 생의 길을 찾아 그치지 않는 자는 장수(長壽)할 수 있을 것이다.

・原文・

知人者智 自知者明 勝人者有力 自勝者强 知足者富 强行者有
志 不失其所者久 死而不亡者壽

註解

- 강행(强行): 힘써서 전진하는 것. 역행(力行). 근면역행.
- 사이불망(死而不亡): 죽을 각오를 하고 위기에 대처하는 자는 반드
  시 생의 길을 얻는다는 뜻.

・解義・

남을 안다는 것은 지혜 있는 사람이라야 할 수 있는 일이다.
그러나 자신을 아는 것은 더욱 명찰(明察)함이 있어야 되는 것이
다. 남을 아는 일은 비교적 쉬운 일이지만 자신을 안다는 것은
매우 어렵다. 이것이 바로 세상 사람들의 공통된 약점인 것이다.
능히 자신을 바르게 알 수 있는 사람이라면 그는 지혜 이상의
명찰력(明察力)이 있는 사람인 것이다.

남을 이기는 사람은 힘이 있는 사람이다. 그러나 자신을 이기
는 사람은 더욱 굳센 사람이다. 외부에서 오는 적을 이기는 것

은 쉽지만, 자신의 내부에서 일어난 적을 이기기는 정말 어려운 것이다. 남에게 패배당하는 일에는 언제나 먼저 자기 내부의 적에게 패배한 것에 원인이 있는 것이다. 그러기에 옛말에 '사람은 반드시 스스로 업신여긴 뒤에 남이 업신여긴다'고 하였다.

만족할 줄 아는 사람은 넉넉한 것이다. 제아무리 모든 것을 소유하고 있더라도 스스로 만족할 줄 모르면 그의 마음은 언제나 불만과 부족을 느낄 것이다. 그러나 스스로 도를 지켜 욕망에 끌려가지 않는다면 불만도 부족감도 없을 것이다. 언제나 그의 마음에는 여유가 있을 것이다.

근면역행하는 사람은 어느 목표를 지향하는 뜻이 있는 사람이다. 뜻이 있기 때문에 그 뜻이 지향하는 곳을 향하여 힘써 전진하게 되는 것이다. '뜻있는 자는 마침내 뜻하는 일을 성취한다'고 옛사람은 말하였다.

그리고 자기가 마땅히 있어야 할 위치를 잃지 않으면 장구(長久)할 수 있을 것이다.

천하의 모든 사람이 마땅히 있어야 할 자리에 정착한다면 그것이 바로 자연스러운 상태로서 그 상태는 오래 계속할 수 있는 것이다. 모래 위에 세운 누각은 곧 쓰러질 것이지만 대지에 뿌리박은 거목은 천년 고목을 자랑하게 되는 것이다.

죽음을 각오하면서 사력(死力)을 다하여 살 길을 찾는 자는 장수할 수 있을 것이다. 손자(孫子)는 '멸망하는 땅에 둔 뒤라야 생존하고, 죽을 땅에 빠뜨린 뒤라야 살아난다'고 하였다. 군사가 그러한 궁지에 이르면 죽을힘을 다하여 싸우기 때문에 비로소 살아날 수 있다는 뜻이다. 죽음을 각오하고 있는 자에게는 반드시 살 길이 있을 것이다. 그것이 오래 사는 것이다.

이 장은 도를 닦는 사람의 마음의 자세를 타이른 것으로 생각된다. 여기에 한 가지 해명해야 할 것이 있다. 노자는 항상 밝은 것, 강한 것을 경계하였다. 그런데 여기에서는 밝은 것, 강한 것을 좋은 것으로 말하고 있다. 얼른 보기에 모순되는 것 같다. 그러나 그렇지 않다. 처음부터 밝지도 않고 굳세지도 않은 것은 아니다. 다만 그것을 겉으로 드러내서 보이려고 하거나 자랑하지 말라고 했을 뿐이다. 이 장에서는 밝고 강한 것을 내부로 돌려 스스로 살피고 지켜야 함을 강조한 것이다.

제34장

　큰 도(大道)는 홍수처럼 범람하여 왼쪽에도 오른쪽에도 어디
에나 있다.

　만물은 그것을 믿고 살건마는, 도는 그들을 사절(辭絕)하지
않는다.

　공을 성취하고도 이름을 드러내거나 소유하려 하지 않는다.

　만물을 옷처럼 따뜻이 덮어 기르건마는 주재(主宰)하지 않
는다.

　도는 항상 욕심이 없으므로 작다고 이름 지을 수 있을 것이다.

　만물이 그에게 돌아가건마는 주재(主宰)하지 아니하니 크다
고 이름 지을 수 있을 것이다.

　도는 끝까지 스스로 큰 체하지 않는다. 그런 까닭에 능히 그

위대함을 이룰 수 있는 것이다.

大道氾兮 其可左右 萬物恃之而生而不辭 功成不名有 衣養萬
物而不爲主 常無欲 可名於小 萬物歸焉而不爲主 可名爲大 以
其終不自爲大 故能成其大

註解

- 범혜(氾兮): 범람한 모양. 넘쳐흐르는 모양.
- 불사(不辭): 사(辭)는 거절한다는 뜻. 불사는 거부하지 않음.
- 기가좌우(其可左右): 왼쪽에나 오른쪽에나, 위나 아래나, 어디에나
  다 도는 있다는 뜻.
- 명유(名有): 이름을 드러내거나 소유로 하는 일.
- 의양(衣養): 애양(愛養)의 잘못이라는 설도 있다. 의양(衣養)을 그대로
  해석한다면 옷으로 따뜻이 덮어서 기른다는 뜻이 된다.

·解義·

이 장에서는 도의 위대한 공적과, 그 위대한 공을 이루고도
스스로 자신의 공을 드러내지 않음을 찬양하고 있다.

큰 도라는 것은 없는 데가 없고 미치지 않는 데가 없다. 마치 홍수가 범람하는 것처럼 어디에나 있다. 왼쪽에도 오른쪽에도, 위에도 아래에도 도는 골고루 있다.

만물이 도의 덕택으로 살건마는 도는 그 많은 삼라만상을 어느 것이나 제각기의 생을 누리게 하고, 사절하는 일이 없다. 그리하여 천지 만물을 생성 화육하게 하는 공(功)을 이루건마는 도는 그것이 자신의 공이라고 이름을 드러내지 않으며, 그 생성한 만물을 소유하려고도 하지 않는다.

도는 만물을 옷으로 덮어 주듯 따뜻이 품어 길러 주면서도 오직 자연에 순응할 뿐 스스로 주재(主宰)하지 않는다.

도는 항상 욕심이 없다. 비(虛)었을 뿐이다. 그것을 작다고 생각하면 터럭만큼도 볼 수 없고, 그것을 크다고 생각하면 천지 만물을 그 안에 안고 있으면서도 태연하게 주재하지 않는다. 그러니 도는 작다고 할 수도 있고 크다고 할 수도 있다.

도는 끝내 스스로 큰 체하지 않기 때문에 능히 그 위대(偉大) 함을 이룰 수 있는 것이다. 이 자연의 대도(大道)를 체득한 성인의 덕화(德化)도 이와 같다는 것을 시사한다.

노자는 도가 천지보다 크다고 생각한다. 천지도 도에서 나온 것이다. 그러므로 천지가 만물을 생성 화육하게 하는 것은 다

도에서 나오는 작용이라고 생각한다. 성인은 이 도를 체득하여
그 작용인 덕화를 사람의 세상에서 작위함이 없이 이루어야 한
다는 것이 일관한 지론이다.

제35장

군주가 대상(大象)을 잡으면 천하는 그에게로 갈 것이다.

그에게로 가면 방해되지 않고, 안락 태평하다.

음악과 맛 좋은 음식으로 사람을 부른다면 지나가던 길손도 발을 멈추게 될 것이다. 그러나 끝나면 떠나가 버릴 것이다.

도(道)에서 나오는 말은 담박(淡泊)하여 맛이 없다. 보려고 해도 볼 수 없고, 들으려고 해도 들을 수가 없다. 그러나 써도 다함이 없다.

• 原文 •

執大象 天下往 往而不害 安平太 樂與餌 過客止 道之出口 淡乎其無味 視之不足見 聽之不足聞 用之不足旣

註解

- 대상(大象): 대도(大道), 도(道)를 가리킨 것이다. 왕필(王弼)은 '대상은 천상(天象)의 어머니로서 차지도 따뜻하지도 서늘하지도 않은 까닭에 능히 만물을 포섭·통괄하여 범상(犯傷)하는 일이 없다'고 하였다.
- 안평태(安平太): 태(太)는 태(泰)와 같다. 안·평·태는 모두 편안하다는 뜻이다. 여기에서는 그 점진적인 정도를 나타내고 있다. 즉, 태(泰)가 최상급을 의미한다(呂古甫의 설).
- 악여이(樂與餌): 음악과 식이(食餌), 즉 음악과 맛 좋은 음식.
- 도지출구(道之出口): 출구(出口)는 입에서 나온다는 뜻으로, 곧 말을 의미한다. 즉, 도의 말이다. 어떤 책에는 '도지출언(道之出言)'으로 된 것도 있다.
- 기(旣): 다하다. 끝나다.

• 解義 •

여기에서 대상(大象)이라고 한 것은 도(道)를 지칭한 것으로 해석된다.

임금된 사람이 대상, 즉 도(道)를 잡고 있으면 천하 사람들은 그곳으로 모여 갈 것이다.

천하 사람들이 모여 가도 도는 다 포용하여 제각기의 생을 자연스럽게 누리게 하고 방해하지 않을 것이다. 그러기에 천하는 태평 안락할 것이다.

듣기 좋은 음악이나 맛 좋은 음식으로 사람을 부른다면 지나가던 나그네도 그 곳에 발을 멈출 것이다. 그러나 맛 좋은 음식이나 음악은 언제까지나 계속 할 수 없다. 또 음악도 계속하여 들으면 싫어지고, 맛 좋은 음식도 배가 부른 뒤에는 싫어지는 것이다.

그러나 도(道)에서 나오는 말은 담박하여 맛이 없으며, 보아도 눈을 즐겁게 해 주는 것을 볼 수 없고, 들어도 귀를 기쁘게 해 줄 것이 없다. 하지만 도는 아무리 써도 다하는 일이 없다. 도(道) 안에 사는 백성들은 스스로 깨닫지는 못하지만 도에 따름이 오래면 오랠수록 천하는 점점 태평해지고 백성들의 삶은 기쁘기만 할 것이다.

이 장은 군주된 자가 무위자연의 도(道)로써 정치를 한다면 천하는 태평하게 되리라는 것을 말한다. 그리고 도는 담박하여 맛이 없지만 음악보다도, 맛 좋은 음식보다도 깊이 백성을 기쁘게 할 것이라고 말한 것이다.

제36장

장차 그것을 수축(收縮)하고자 하면 반드시 우선 그것을 확장 시켜야 한다.

장차 그것을 약하게 만들고자 하면 반드시 우선 그것을 강하 게 만들어야 한다.

장차 그것을 폐지하고자 하면 반드시 우선 그것을 진흥시켜 야 한다.

장차 그에게서 빼앗고자 하면 반드시 우선 그에게 주어야 한다.

이러한 것을 은미(隱微)한 밝은 지혜(微明)라고 한다.

부드럽고 약한 것이 모질고 강한 것을 이긴다. 그러므로 강한 물고기가 부드러운 못물을 벗어나지 못하는 것이다.

국가를 이롭게 하는 기능은 무위자연에 맡겨 저절로 국가가 다스려지게 하여야 하고, 형벌 같은 것을 나라 다스리는 이기 (利器)로 삼아 인민들의 눈에 보이게 하여서는 안 된다.

•原文•

將欲歙之 必固張之 將欲弱之 必固强之 將欲廢之 必固興之 將欲奪之 必固興之 是謂微明 柔弱勝剛强 魚不可脫於淵 國之利器 不可以示人

註解 ────────────────────

- 흡(歙): 오므리다. 수축.
- 고(固): 여기에서는 우선, 잠깐의 뜻으로 본다.
- 장(張): 벌리다. 확장하다.
- 미명(微明): 은미(隱微)한 명지(明智). 명지를 숨긴다는 뜻.
- 국지이기(國之利器): 나라를 이롭게 하는 기능.

•解義•

위원(魏源)은, 이 장은 군자가 소인을 다루는 방법을 말한 것이라고 하였다.

가령 어떤 좋지 못한 세력이 널리 퍼지고 있을 때에 이것을 축소시키려고 하여, 당장에 정면으로 맞서서 그 세력을 꺾고 줄이려고 시도한다면 반드시 커다란 반발을 일으키게 될 것이다. 그리하여 상대자로 하여금 반격의 태세로 나오게 만드는 결과가 될 것이다. 그것은 마치 한창 맹렬하게 타는 불길을 섣불리 두들기면 도리어 화세가 더욱 왕성하게 되는 것과 같은 것이다. 맹렬한 산불을 끄는 방법은 적당한 지점을 선택하여 맞불을 질러 마주 타들어 가게 하는 것이라고 들었다.

그러기에 축소시키려면 우선 확대시켜야 하고, 약하게 만들려면 우선 더욱 강하게 만들어야 하며, 폐지되게 하려면 우선 진흥시켜야 하고, 빼앗고자 하면 우선 주어야 한다는 것이다.

이런 방법을 쓸 줄 아는 것을 드러나지 않는 밝은 지혜라고 한다. 사나운 것을 제거하고 악한 것을 없애려 할 경우 그러한 의도나 방법이 겉으로 드러나서 남이 알게 되어서는 마음먹은 성과를 거둘 수 없는 것이다. 그러한 의도가 드러나면 저편에서도 대책이 마련될 것이기 때문이다.

성인은 그러한 은미(隱微)한 방법을 사용하지만, 그것은 폭력을 제거하는 데에 폭력을 사용하거나, 강력한 것에 대항하여 이쪽에서도 강력을 구사하는 일은 하지 않는다. 성인이 이기는 방법은 어디까지나 부드럽고 순하고 약한 것 같은 덕을 무기로 쓰는 것이다. 유약한 것은 강한 것, 모진 것에 이기는 것이다. 물은 그보다도 더 부드럽고 약할 수 없지만, 천하에 물의 힘을 능히 이길 만한 것은 없다. 물고기는 분명히 물보다는 강하지만 물 밖에 튀어 나와서는 살 수 없다. 공기는 사람이나 새·짐승보다도 몹시 부드럽고 약하지만 사람이나 새·짐승은 공기 밖에서는 살 수 없다. 그러므로 노자는 항상 물을 찬양한다.

물이 고기를 기르고 공기가 온갖 생물을 살려 주듯이, 성인은 부드럽고 약한 듯한, 겸허하고 눈에 보이지 않는 덕으로 천하를 다스리는 것이다.

그러므로 국가를 이롭게 하는 기능은 무위자연의 도에 맡겨 저절로 사람들이 알지 못하는 사이에 다스려지게 하여야 하고, 형벌 같은 것을 나라 다스리는 이기(利器)로 삼아, 백성들이 볼 수 있게 만들어서는 안 된다는 것이다.

제37장

도는 항상 자연에 순응하여 작위함이 없다. 그러나 하지 못하는 것이 없다.

군주가 만약 이 도를 능히 지킬 수 있다면 천하 만물은 장차 저절로 화육(化育)될 것이다.

화육하여 작위하고 싶은 욕망이 생기면, 나는 장차 이름 없는 박(樸)의 상태, 즉 순수한 도(道)로써 그것을 진압할 것이다.

이름 없는 순수한 도(道)라면 반드시 욕망이 없을 것이다.

욕심을 내지 않고 고요히 있게 되면, 천하는 장차 저절로 안정될 것이다.

·原文·

道常無爲 而無不爲 侯王若能守之 萬物將自化 化而欲作 吾將
鎭之以無名之樸 無名之樸 夫亦將無欲 不欲以靜 天下將自定

註解

- 무불위(無不爲) : 하지 않는 것이 없다, 못하는 것이 없다.
- 화(化) : 화육(化育).
- 진지(鎭之) : 진압(鎭押), 즉 눌러서 진정시키다.
- 무명지박(無名之樸) : 순수한 도(道).

·解義·

도는 영원히 자연일 뿐 작위하는 일이 없다. 그렇지만 도는
못하는 일이 없다. 천지가 있고, 만물이 생성화육(生成化育)하고,
밤낮과 계절이 운행된다.

군주가 만일 천하를 다스리는 데 능히 이러한 도를 지킬 수
있다면, 천하는 저절로 교화될 것이다.

마치 어린아이가 자라 가면 욕심이 생기듯이, 그 무위(無爲)의
교화(敎化)가 점차로 작위(作爲)하고자 하는 욕망으로 변한다면

성인은 장차 순수하고 소박한 이름 없는 무위의 도를 가지고 그것을 눌러 진정시킬 것이다.

　그 이름 붙일 수 없는 천지의 시원이 순수한 도라면, 그것은 또한 욕심이 없을 것이다. 오직 자연일 뿐 작위하려 하지 않기 때문에 욕심이 없는 것이다.

　욕심이 없다면 고요히 정지할 수 있을 것이며, 욕심 없이 고요히 정지하게 된다면, 즉 군주의 무위·무욕의 정치가 자연스럽게 고요히 수행된다면 천하의 백성들은 저절로 안정될 것이다. 모두가 제각기의 마땅한 바를 얻어 자연스럽게 살아갈 것이기 때문에 저절로 안정한다는 것이다.

　이 장에서는 앞 장의 결론을 연장하여 무위의 정치를 다시 한 번 찬양하였다.

제38장

상덕(上德)을 가진 사람은 스스로 덕이 있다고 생각지 않는다. 그런 까닭에 실로 덕이 있는 것이다.

하덕(下德)을 가진 사람은 덕을 잃지 않으려고 애쓴다. 그런 까닭에 실은 덕이 없는 것이다.

상덕(上德)을 가진 사람은 도에 순응할 뿐 스스로 하려고 하지 않는다. 그래서 시위(施爲)함이 없다.

하덕(下德)을 가진 사람은 스스로 하려고 애쓴다. 그래서 시위(施爲)함이 있다.

상인(上仁)의 정치는 스스로 하려고 애쓴다. 그러나 시위(施爲)함이 없다.

상의(上義)의 정치는 스스로 하려고 애쓴다. 그래서 시위(施爲)

함이 있다.

상례(上禮)의 정치는 스스로 하려고 애쓴다. 그리하여 백성들이 예법에 순응하지 아니하면 곧 팔을 걷어붙이고 그들을 강제한다.

그런 까닭에 도를 잃은 뒤에 인(仁)이 소용되며, 인을 잃은 뒤에 의(義)가 소용되고, 의를 잃은 뒤에 예(禮)가 소용되는 것이다.

대체로 예(禮)가 필요하게 된다는 것은 충신(忠信)이 박약하다는 증거로서, 장차 어지러워지려는 시작인 것이다.

장래의 일을 선견(先見)한다고 하는 것은 지혜(智)이다. 지혜는 꽃과 같은 것이다. 꽃은 아름다운 것 같지만 곧 헛되게 시들어 버린다. 그러므로 지혜(智)라는 것은 현명의 딴 이름 같지만 실은 우매한 것의 시작인 것이다.

그런 까닭에 대장부된 자는 후한 것을 취하고 박한 것을 버리며, 질실(質實)한 것을 취하고 허화(虛華)한 것을 버린다.

그런 까닭에 저 박한 예와 허화한 지(智)를 버리고, 이 진실한 도와 후한 덕을 취한다.

・原文・

上德不德 是以有德 下德不失德 是以無德 上德無爲 而無以

爲 下德爲之 而有以爲 上仁爲之 而無以爲 上義爲之 而有以
爲 上禮爲之 而莫之應 則攘臂而扔之 故失道而後德 失德而
後仁 失仁而後義 失義而後禮 夫禮者 忠信之薄 而亂之首 前
識者 道之華 而愚之始 是以大丈夫 處其厚 不居其薄 處其實
不居其華 故去彼取此

註解

- 상덕(上德): 최상(最上)의 덕. 덕(德) 중의 최상급.
- 하덕(下德): 덕(德) 중의 최하급. 하급의 덕.
- 무위(無爲): 함이 없다. 여기에서는 하려고 하지 않는다고 풀이하였다.
- 이위(以爲): 시위(施爲). 실질로 시책(施策)을 영위하는 것.
- 상인(上仁): 최상의 어진 일. 여기에서는 최상의 인정(仁政)을 의미한다.
- 상의(上義): 최상의 의(義)를 목표로 하는 정치.
- 상례(上禮): 최상의 예법(禮法)을 방법으로 하는 정치.
- 양비(攘臂): 팔을 걷어붙임.
- 잉지(扔之): 끌어당기다. 즉 강제한다는 뜻.
- 전식(前識): 선견(先見). 일이 발생하기 전에 미리 살펴 아는 것. 여기
  에서는 지(智)를 가리킴.

• 解義 •

이 장에서는 정치의 도에 있어서, 예(禮)로써 나라를 다스리는 것은 의(義)로써 하느니만 못하고, 의(義)는 인(仁)만 못하고, 인은 하덕(下德)만 못하고, 하덕(下德)은 상덕(上德)만 못하다는 것을 말한 것이다.

상덕은 최상의 덕을 의미한다. 최상의 덕이란 무위자연의 도가 덕으로 현상화한 것을 말한 것이니, 즉 무위자연의 덕을 말한다.

이러한 상덕을 가진 사람은 스스로 덕이 있다고 생각하지 않는다. 천하가 잘 다스려져도 자기의 덕이라고 생각하지 않는다. 그런 까닭에 덕이 있는 것이다. 다만 그것이 드러나지 않을 뿐이다.

그런 까닭에 상덕의 군주는 도에 순응할 뿐 스스로 덕정(德政)을 하려고 하지 않는다. 그래서 그의 정치에는 시위(施爲)하는 일이 없다. 그저 자연스럽게 제각기의 마땅한 바에 따라 살게 한다.

그러나 하급(下級)의 덕(德)을 지닌 군주는 덕정(德政)을 잃지 않으려고 노력한다. 그런 까닭에 실은 덕이 없는 것이다. 그래서 하덕을 지닌 사람은 정치를 잘하기 위하여 작위(作爲)한다. 그러므로 그의 정치에는 시위(施爲)함이 있는 것이다. 인위적으로 시위하기 때문에 허물도 있을 수 있고 시행착오를 일으키는 수도 있는 것이다.

그 다음의 군주는 상인(上仁)을 가진 사람이다. 상인은 최상의 어진 마음을 가졌다는 뜻이다. 어진 마음이란 남을 불쌍히 여기는 마음, 차마 하지 못하는 마음이다. 그렇게 어진 마음으로 정치를 한다면 비록 덕(德)으로 백성을 교화시키는 덕정(德政)만은 못하지만 역시 훌륭한 정치인 것이다. 인정(仁政)을 하는 군주는 인정을 하려고 의식적으로 노력한다. 만일 인정이 널리 시행되어 천하 백성들을 골고루 공평하게 사랑하고 불쌍히 여긴다면 그것만으로 나라는 다스려질 것이니 따로 시위(施爲)하지 않아도 된다.

그 다음은 의(義)를 최상의 정치의 방법으로 하는 군주이다. 의라는 것은 사람이 지켜야 할 정당한 도리이다. 의(義)라는 방법을 가지고 정치를 하는 군주는 의로운 정치를 시행하려고 노력하여야 한다. 그리고 그 의가 세상에 실행되게 하기 위해서는 시위함이 있어야 한다.

그 다음은 예(禮)로써 정치를 하려는 군주이다. 예는 사람들이 서로 지켜야 할 규범을 규정한 형식이다. 이 예, 즉 형식의 규범을 가지고 나라를 다스리려고 하는 군주는 노력할 뿐 아니라 백성 중에 그 규범을 지키지 않는 자가 있으면 위력으로 강제하여 좋게 만드는 것이다.

그런 까닭에 상덕은 바로 도(道)의 현상이다. 이 도의 현상이 없어진 뒤에 하덕이 생겼으며, 덕이 없어진 뒤에 인(仁)이 있게 되었으며, 인이 없어진 뒤에 의(義)가 있게 되었고, 의가 없어진 뒤에 예가 있게 된 것이다.

예가 필요하다는 것은 벌써 세상 사람들의 마음에 충신(忠信)이 박약하게 되었다는 증거로서, 장차 세상이 어지러워질 시초인 것이다.

장래 일을 선견(先見)한다고 하는 것은 지혜(智)이다. 지혜라는 것은 도에 있어서 열매도 아니며 뿌리도 아니고 수간(樹幹)도 아닌 꽃에 불과한 것이다. 꽃은 얼른 보기에는 아름다운 것 같으나 곧 시들어 버리는 것이다. 지혜라는 것은 현명한 것 같지마는 실은 우매한 것의 시작이다.

도(道)는 나무의 열매 같은 것이어서 그 속에 배태된 것이 나타나지 않는다. 덕(德)은 나무의 뿌리 같고, 인(仁)은 수간(樹幹), 의(義)는 가지, 지(智)는 그 꽃에 비할 수 있다.

그러므로 대장부는 후한 덕을 취하고 박한 예를 취하지 않으며, 그 실질인 도(道)에 좇고, 그 헛된 꽃 같은 지(智)에 의지하지 않는다. 그러므로 도와 덕을 취하고, 예와 지를 버린다는 것이다.

여기에 한 가지 그대로 넘어갈 수 없는 것이 있다. 유가(儒家)에서는 인의예지(仁義禮智)를 통틀어 도덕이라 일컫고, 그 어느 것이나 다 천성(天性)의 고유에서 얻는 것으로서, 처음부터 등급이 있는 것으로 보지 않는다. 그런데 노자는 도(道)는 무명(無名), 덕은 유명한 것으로 등차를 설정하였으며 인·의·예·지로 내려갈수록 그 등급은 낮아진다고 생각한다. 그래서 이 장에서는 덕으로서 도에 가까운 것을 상덕, 인으로서 덕에 가까운 것을 상인, 의로서 인에 가까운 것을 상의라고 하였으며, 지혜는 헛된 꽃과 같다고 하여 급이 낮은 것으로 표현하고 있다. 이것이 노자의 사상과 유가(儒家)의 생각이 크게 다른 것이다. 근본이 이미 이렇게 다르므로 그 위에 이루어지는 모든 견해도 매우 다르다.

제39장

처음에 오직 하나인 것, 즉 도(道)를 얻은 자로서, 하늘은 도(道)를 얻어서 맑고, 땅은 도를 얻어서 편안하며, 신(神)은 도를 얻어서 영검하고, 계곡(溪谷)은 도를 얻어서 물이 차(盈)며, 만물(萬物)은 도를 얻어서 생성(生成)하고, 군주(君主)는 도를 얻어서 천하의 바른 것이 되었다.

그들을 그렇게 만든 것은 유일한 근본인 도이다.

하늘에 그것을 맑게 해 주는 도가 없다면 하늘은 장차 아마 파열(破裂)할 것이다.

땅에 그것을 편안하게 해주는 도가 없다면 땅은 장차 아마 폭발할 것이다.

신(神)에게 자신을 영검하도록 해 주는 도가 없다면 신의 능력은 장차 아마 그칠 것이다.

계곡에 그것을 물로 차게 하는 도가 없다면 계곡의 물은 장차 아마 고갈될 것이다.

만물에 그것을 생성하게 하는 도가 없다면 만물은 아마 장차 절멸(絶滅)할 것이다.

군주가 자신의 정치를 바르게 하기 위하여 도를 지키지 않는다면 그는 장차 아마 몰락할 것이다.

도(道)는 본질이다. 맑은 것, 편안한 것, 영검한 것, 차는 것, 생성하는 것, 바른 것은 다 본질인 도에서 나오는 작용이다. 그러니 도는 진실로 존귀한 것이다. 그러나 도는 형상이 없다. 그래서 그 작용인 현상이 귀하게 보인다.

그런 까닭에 귀한 것은 천한 것을 근본으로 하고, 높은 것은 낮은 것을 기초로 하는 것이다.

그러므로 군주는 자신을 고(孤)니, 과(寡)니, 불곡(不穀)이니 하는 말로 일컫는다. 이것이 바로 천한 것으로 근본을 삼는 것이 아니겠는가.

그런 까닭에 수레를 부분으로 분해하여 세(數)라면 결국 수레는 없는 것이다. 부분이 전체가 되어 하나로 통일되어야 하는 것이다.

그러므로 성인은 사물(事物)을 옥처럼 고귀하게만 보고자 하지도 않고, 돌처럼 천하게만 보려고 하지도 않는다.

•原文•

昔之得一者 天得一以淸 地得一以寧 神得一以靈 谷得一以盈 萬物得一以生 侯王得一以爲天下貞 其致之一也 天無以淸將 恐裂 地無以寧將恐發 神無以靈 將恐歇 谷無以盈 將恐竭 萬 物無以生 將恐滅侯王無以貞 將恐蹶 故貴以賤爲本高以下爲 基 是以後王自謂孤寡不穀 此非以賤爲本邪 非乎 故致數興 無興 不欲琭琭如玉 珞珞如石

註解

- 석(昔): 처음, 태초(太初).
- 일(一): 왕필은 하나(一)는 수(數)의 시초로서 물(物)의 극(極)이라고 하였고, 소자유(蘇子由)는 하나(一)는 도(道)라고 주해하였다. 결국 같은 뜻이 되겠다.
- 영(靈): 영검한 것.
- 정(貞): 정(正)과 같은 뜻이니 바른 것.
- 고(孤): 임금이 자신을 낮추어 하는 말이니, 작은 나라의 임금이라는 뜻이다.

- 과(寡): 임금이 자신을 낮추어 말할 때에는 과인(寡人)이라고 한다. 덕이 적은 사람이라는 뜻이다.
- 불곡(不穀): 임금이 자신을 낮추어 하는 말이니, 착하지 않은 사람이라는 뜻이다.
- 치수여(致數輿): 수레를 여러 부분으로 분해한다는 뜻. 청(淸)나라의 고연제(高延弟)는, '致數輿'는 '致譽'의 잘못으로서 지극한 기림이라고 하였다. 그리하면 '致數輿無輿'는 '至譽無譽'가 되어서 '지극한 칭예(稱譽)는 칭예함이 없다'는 것으로서 글 뜻이 잘 통한다. 그러나 '致數輿無輿' 그대로 좇는다.
- 녹녹(珠珠): 옥(玉)의 모양.
- 락락(珞珞): 돌의 모양.

• 解義 •

여기에서 하나(一)라고 하는 것은 도(道)를 가리키는 말이다. 도는 천지 만물의 최초의 근원으로서 모든 것은 여기에서 나왔기 때문에, 도는 하나(一)인 것이다. 또 도는 어떤 것도 그것에 짝이 될 수 있는 것이 없다. 절대적이며 독립한 것이기 때문에 하나(一)인 것이다.

하늘이 푸른 것도, 땅이 편안한 것도, 신(神)이 영검한 것도, 계곡에 물이 차는 것도, 천지 사이의 온갖 생물이 생성하는 것도, 나아가서는 임금이 천하에 바른 정치를 하는 것도 다 도(道)의 작용에서 힘입기 때문인 것이다. 천지와 천지 사이의 유형·무형한 온갖 현상과 작용이 제각기 다르고 잡다하지만 그 근원은 오직 하나인 것이다. 그것들을 그렇게 만들어 주는 것은 도인 것이다.

도라는 것을 천지자연의 법칙이라고 생각하여도 좋다. 천지에 일정한 자연 법칙이 없다면, 천지의 운행이 그렇게 순조롭게 사고 없이 운영될 수는 없을 것이다. 해와 달이 충돌하는 일이 없고, 하늘과 땅이 거꾸로 서는 일이 없으며, 겨울이 가면 반드시 봄이 오고, 봄이 오면 어김없이 잎이 나고 꽃이 핀다. 이러한 자연의 법칙이 없이 천지가 존속할 수 있겠는가.

자연 법칙이 없다면 저 높고 푸른 하늘은 파열해 버릴지도 모른다. 저 안정된 땅도 폭발해 버릴지도 모른다.

신(神)의 영검이라는 것도 천지자연의 법칙을 벗어날 수는 없는 것이다. 『역경(易經)』에 '정기(精氣)가 엉겨 모인 것이 유형의 생물이 되고, 변화된 것이 영혼인 것이다. 그러므로 귀신의 정상을 알 수 있다(精氣爲物 遊魂爲變 是故知鬼神情狀)'라고 하였다. 그러기에 사람이니 신이니 하는 것도 다 천지자연의 법칙 안에 존재하는 것이다. 또 그 신의 영검함을 알아내는 것도 음양(陰陽)

의 법칙에 좇아야 하는 것이다. 천지자연의 법칙, 즉 도(道)가 없다면 신의 영검이란 있을 수 없을 것이다.

물이 낮은 데로 흐른다는 자연 법칙이 없다면, 계곡에는 물이 있을 수 없을 것이다. 이 천지 사이에 자연 법칙이 없다면 만물이 생성 화육될 수는 분명 없을 것이다. 만물은 절멸(絶滅)할 수밖에 없을 것이다.

군주는 이러한 도의 법칙에 순응하여 정치를 하여야 한다. 만일 군주가 도에 순응하여 그의 정치를 바르게 하지 않는다면, 그는 장차 몰락할 것이다. 무도(無道)한 군주가 오래갈 수는 없는 것이다.

이와 같이 모든 것은 도의 법칙에 좇지 않은 것이 없다. 도는 진실로 귀중한 것이다. 그러나 도는 형체가 없다. 귀중을 누릴 형체, 즉 대상이 되지 않는다. 그래서 도가 낳은 작용인 현상이 귀중한 것으로 보이는 것이다.

그런 까닭에 세상의 모든 귀한 것은 천한 것을 근본으로 하고, 높은 것은 낮은 것으로 기초를 삼는다.

그러나 실은 천한 것이 도리어 귀한 것이며, 높은 것이 낮은 것이기도 한 것이다. 진실로 높은 것, 진실로 존귀한 것은 항상 겸허하다. 스스로 낮추어 아래에 자처하며 천한 것을 사양하지 않는다.

　그런 까닭에 군주는 세상에서 가장 싫어하고 천시하는 말인 고(孤)니 과인(寡人)이니 불곡(不穀)이니 하는 말을 가져다가 자신을 일컫는 말로 쓰는 것이다. 이것이 바로 천한 것을 근본으로 삼음을 표현한 것이다.

　수레라는 것은 여러 가지 부분품으로 구성된다. 세상 사람들은 수레의 소중함은 알지만 그 부분품은 아는 체하지 않는다. 그러나 수레를 부분으로 분해한다면 수레의 소중함은 없게 된다.

　군주가 존귀하지만 진실로 귀중한 것은 백성들이다. 백성이 근본인 것이다. 그러므로 성인은 사물을 살필 때에 어느 것이나 옥처럼 귀중하게만 보고자 하지도 않고 돌처럼 천하게만 보려고도 하지 않는다.

제40장

근본으로 돌아간다는 것(反)은 도(道)의 움직이는 법칙이요,
유약하다는 것은 도(道)의 작용의 모습이다.

천하 만물은 유(有)에서 나오고, 유(有)는 무(無)에서 나온다.

• 原文 •

反者道之動 弱者道之用 天下萬物生於有 有生於無

註解 ───────────────────────

- 반(反): 근본으로 돌아간다.
- 동(動): 움직임, 운행(運行). 운동.
- 약(弱): 노자는 유약한 것을 강강(剛强)한 것보다 높이 평가한다.

도(道)는 가지 않는 곳이 없고, 미치지 않는 데가 없건마는 아주 떠나가 버리는 일이 없다. 언제나 항상 그 본연의 위치에 돌아간다. 그러기에 천한 것은 귀한 것의 근본이 되고, 낮은 것은 높은 것의 기초가 된다. 겨울이 가는가 하면 다시 봄이 오고, 태양이 서쪽으로 넘어가면 다음날 아침에는 반드시 동쪽에서 솟는다. 이것이 도의 움직이는 법칙이다.

도의 작용은 언제나 부드럽고 약한 모습으로 나타난다. 순한 비, 부드러운 바람은 도의 자연스러운 작용이다. 노자는 회오리 바람, 사나운 소낙비와 같은 부자연한 것은 하늘의 본연의 상태가 아니라고 말한다.

나라의 정치도 도 있는 정치는 형벌이나 위력을 구사하지 않는다. 오직 부드럽고 순하고 자연스러울 뿐이다.

그러므로 물은 부드럽고 약하기 때문에 도에 가깝다고 한다. 이러한 부드럽고 약한 것이 도의 본연의 모습인 것이다.

천하 만물은 다 유(有)에서 나온다. 땅에서 만물이 생성하고, 만물은 제각기 그의 모체와 씨(種子)에서 나온다. 증기(蒸氣)가 엉겨서 비가 되고, 비가 와서 강물이 부푼다. 그러나 이러한 모든 유형한 것은 그 근원이 다 무에서 나온다. 천지부터가 무형

의 도에서 나온 것이다. 유의 근본은 무인 것이다. 그러므로 도
는 모든 것의 근본인 것이다.

제41장

상등(上等)의 인사(人士)가 도를 들으면 힘써서 그것을 실행하고, 중등(中等)의 인사가 도를 들으면 반신반의하고, 하등(下等)의 인사가 도를 들으면 그것을 크게 조소한다.

하등의 인사가 조소하지 않는 도는 도라고 할 만한 것이 못된다.

그런 까닭에 예부터 전해오는 유명한 말에 이런 것이 있다.

'밝은 도(道)는 어두운 것 같고, 전진(前進)하는 도는 후퇴하는 것 같고, 평탄한 길은 기복(起伏)이 있는 것 같고, 최상(最上)의 덕은 골짜기처럼 빈 것 같고, 썩 흰 것은 검은 것 같이 보이고, 큰 덕(德)은 부족한 것 같고, 움직일 수 없는 덕(不動의 德)은 구차한 것 같고, 질박하고 참된 것은 변할 것 같이 보이고, 무한대의 방형(方形)은 모진 곳이 없고, 큰 그릇은 이루어지는 것이 늦으며, 큰 음(音)은 귀로 들을 수 없고, 대상(大象), 즉 도(道)는 형체가 없다.'

도는 숨어서 이름이 없다. 그것은 오직 천하 만물에게 그의 힘을 잘 빌려 주고 또 잘 생성 화육(生成化育)시킬 뿐이다.

•原文•

上士聞道 勤而行之 中士聞道 若存若亡 下士聞道 大笑之 不笑不 足以爲道 故建言有之 明道若昧 進道若退 夷道若纇 上德若谷 太白若辱 廣德若不足 建德若偸 質眞若渝 大方無隅 大器晩成 大音希聲 大象無形 道隱無名 夫唯道 善貸且成

註解

- 약존약망(若存若亡): 있는 것 같기도 하고 없는 것 같기도 하다. 믿는 듯도 하고 안 믿는 듯도 한 것. 반신반의(半信半疑)하는 태도.
- 대소지(大笑之): 여기에서는 그것(道)을 크게 비웃는 것.
- 건언(建言): 입언(立言)과 같다. 입언은 말에 요령이 있어서 그 이치가 세상에 전할 만한 것. '立言 謂言得其要理足可傳'
- 이도(夷道): 평탄한 길.
- 뢰(纇): 흠(疵也). 여기서는 길이 울퉁불퉁한 것을 말함.

- 욕(辱): 때가 묻어 까맣게 된 것.
- 건덕(健德): 부동(不動)의 덕. 또는 덕정(德政)을 행하는 일.
- 투(偸): 구차(苟且)한 것.
- 유(渝): 변하는 것. 퇴색하는 것.
- 우(隅): 모퉁이 진 곳.
- 희성(希聲): 귀로 들을 수 없는 소리.
- 대상(大象): 극대(極大)의 상(像), 즉 도(道).

·解義·

이 장에서는, 도(道)는 스스로 나타나지 않는다는 것을 말하고 있다. 도는 눈에 보이지 않고, 귀로 들을 수도 없고, 감각할 수 없는 은미하고 현묘(玄妙)한 존재이기 때문에 상등(上等)의 인사만이 이것을 알고 근면역행(勤勉力行)할 수 있다는 것이다. 세상 사람들의 눈에 비친 도의 겉모습은 참모습과는 상반된다. 그래서 의심하고 조소하곤 한다.

그러나 도는 남이 의심하거나 웃을지라도 자신을 숨긴 채 그의 힘을 천하 만물에 빌려 주어서 그들로 하여금 생성 화육하게 한다는 것이다.

제42장

　도는 하나를 낳고, 하나는 음(陰)과 양(陽) 둘을 낳고, 음·양 두 가지는 음기(陰氣)와 양기(陽氣)에 다시 충기(沖氣)를 합한 셋을 낳고, 셋은 만물을 낳는다.

　만물은 음기(陰氣)와 양기(陽氣)를 받고 충기(沖氣)로 조화를 이루어 생성 화육한다.

　고(孤)니 과(寡)니 불곡(不穀)이니 하는 것들은 사람들이 싫어하는 것이다. 그런데 왕자(王者)와 제후(諸侯)는 이 말을 자신의 칭호로 쓴다. 그것은 자신을 낮추는 겸허한 태도이다. 겸허하다는 것은 곧 유약을 의미한다.

　대체로 사물은 손실되는 것이 도리어 이익이 되는 수가 있고, 혹은 이익되는 것이 도리어 손실이 되는 경우가 있다.

남들이 가르치는 이익과 손실에 대하여 나도 또한 가르친다. '남들은 강한 것, 있는 것이 이익이라고 가르치지만 나는 약한 것, 없는 것이 유익하다고 가르친다.'

'강포(強暴)한 자는 온당한 죽음을 맞을 수 없다'고 한다. 나는 이것을 나의 가르침의 근본으로 삼겠다.

• 原文 •

道生一 一生二 二生三 三生萬物 萬物負陰而抱陽 沖氣以爲和
人之所惡 唯孤寡不穀 而王公以爲稱 故物或損之而益 或益
之而損 人之所敎 我亦敎之 强梁者不得其死 吾將以爲敎父

註解 ─────────────────

- 일(一): 도를 가리킨 것.
- 이(二): 음양이기(陰陽二氣)를 가리킨 것.
- 삼(三): 음양(陰陽)과 충기(沖氣)를 가리킨 것.
- 충기(沖氣): 화(和)한 깊은 기운. 음양이 서로 화합하려 하는 화한 기운.
- 강량자(强梁者): 강포(強暴)한 자. 함부로 강강(剛强)하게만 행동하는 자.
- 부득기사(不得其死): 온당한 죽음을 맞지 못하는 것. 자연스러운 죽음을 맞지 못하는 것.
- 교부(敎父): 부(父)는 근본이라는 뜻이니, 교부(敎父)는 가르침의 근

본이라는 뜻이다.

·解義·

오증(吳澄)이 말하기를, 이 장은 제40장에서 '유약하다는 것
은 도(道)의 작용의 모습이다(弱者道之用)'라고 말한 것을 더욱
자세하게 부연한 것이라고 하였다.

천지가 생기기 전에 혼돈한 하나의 원질(原質)이 있었다. 그것
이 도이다. 그 하나인 도가 음(陰)과 양(陽) 두 가지를 낳았다. 그
둘에 다시 충기(沖氣)를 더하여 셋이 되었다. 이 셋이 만물을 낳
았다. 그래서 만물은 음기와 양기를 받고 거기에 충기로 조화를
이루어 생성하고 또 화육된다.

충기라는 것은 음양이 서로 조화되게 하는 화순(和順)한 기운
이다. 만물의 생성은 음(陰)과 양(陽)이 존재하는 것만으로 되는
것이 아니다. 반드시 음과 양을 조화시키는 충기라는 화순한 기
운이 있어야만 된다고 한다. 이렇게 볼 때 충기의 작용과 공효는
큰 것이다.

그런데 충기는 빈(虛) 것이어서 차(盈)지 않는다. 부드럽고 순
하다. 그러니 충기는 유약한 것이다. 이것은 도(道)가 유약한 것

으로 작용한다는 것을 보이는 것이다. 그런 까닭에 군주는 고(孤)니 과(寡)니 불곡(不穀)이니, 하는 사람들이 모두 싫어하는 것을 가져다가 자기를 일컫는 칭호로 한다. 그것은 도에 맞는 일이다. 그것은 자신을 낮추어 일컫는 겸허한 태도이며 겸허는 곧 유약을 의미하기 때문이다.

대체로 사물(事物)에는 손실이 이익이 되고, 이익이 도리어 손실이 되는 경우가 있다.

세상 사람들은 약한 것이 강한 것보다 손실이라고 생각한다. 그러나 강한 나무는 부러진다(木强則折). 그것은 강하기 때문에 도리어 손실을 가져온다. 물은 부드럽고 약하지만 천하에 그것을 이기는 것은 없다. 그것이 바로 약한 것이 강한 것을 이기는 것이 아닌가.

세상 사람들이 이익과 손실에 대하여 가르치는 것처럼 나도 이익과 손실에 대하여 가르친다. 남들은 강한 것이 이익이라고 가르치지만 나는 약한 것이 더 유익하다고 가르친다. '모질고 사나운 자는 온당한 죽음을 맞을 수 없다'고 한다. 나는 이 말을 나의 가르침의 기본으로 삼겠다. 그러므로 약한 것이 강한 것보다 좋고, 무위(無爲)가 유위보다 좋다는 것이다.

제43장

천하에 가장 부드러운 물이 천하에 가장 단단한 바위를 향하여 돌진하고, 형체도 없는 기(氣)는 빈틈이 없는 곳에도 침투한다.

그것에서 나는 무위(無爲)가 유익하다는 것을 안다.

말하지 않는 가르침과 작위(作爲)함이 없는 유익, 그러한 경지에 도달하는 사람은 천하에 드물다.

• 原文 •

天下之至柔 馳騁天下之至堅 無有入無間 吾是以知無爲之有益 不言之敎 無爲之益 天下希及之

192

- 지유(至柔): 지극히 부드러운 것. 이것은 물을 가리킨 것. 제78장에 '천하에 물보다 더 약한 것은 없다'는 말이 있다.
- 치빙(馳騁): 말을 달림. 여기에서는 돌진한다는 뜻.
- 지견(至堅): 지극히 단단한 것. 바위·돌 따위를 가리킨 것.
- 무유(無有): 있는 것이 없음. 비(虛)고 없는 것. 오징(吳澄)·왕필(王弼) 은 이것을 기(氣)라고 주해하였다. 공기(空氣) 같은 따위.
- 무간(無間): 빈틈없는 곳.
- 희급지(希及之): 희(希)는 희(稀)와 같으니 드물다는 것. '希及之'는 그 러한 경지에 도달하는 자가 드물다는 뜻이다.

─────────────────────────────────────

• 解義 •

　위원(魏源)은 이 장을 앞 장의 계속이라고 보고 아예 한 장으 로 처리하였다.

　앞 장에서 강강(剛强)한 것 보다 유약한 것이 더 좋다고 말하 였다. 이 장에서는 다시 유약한 물이 굳은 바위를 마멸시키며, 형체 없는 기(氣)가 빈틈없는 곳에도 침투한다는 것을 구체적으 로 설명하였다. 그리하여 무위(無爲)가 유위(有爲)보다 더 좋다는 것을 입증(立證)한 것이다.

제44장

　이름과 몸 중에 어느 것을 더 친애해야 할 것인가. 이름을 숭
상하는 사람은 반드시 그 몸을 소홀하게 다룰 것이다.

　몸과 재물 중에 어느 것의 비중이 더 큰가. 재물을 탐내서 싫
어할 줄 모르는 사람은 반드시 그 몸을 가볍게 여길 것이다.

　이름과 재물을 얻는 것과 잃는 것 중에 어느 편이 사람을 병
들게 할 것인가. 명리(名利)를 많이 얻기 위하여 그 몸을 손상한
다면 얻는 것이 그를 병들게 할 것이다.

　그런 까닭에 재물을 지나치게 사랑하면 반드시 크게 소비하
게 되고, 재물을 썩 많이 감추어 두면 반드시 많이 잃게 될 것
이다.

　만족할 줄 알면 욕됨이 없고, 그칠 줄 알면 위태하지 않다. 그

렇게 하면 장구할 것이다.

•原文•

名與身孰親 身與貨孰多 得與亡孰病 是故甚愛必大費 多藏必
厚亡 知足不辱 知止不殆 可以長久

註解 ─────────────────────

• 대비(大費): 크게 소비하는 것.
• 후망(厚亡): 후(厚)는 많은 것. 망(亡)은 잃는 것. 즉 잃는 것이 많다는
  뜻이다.

•解義•

  이 장에서는 세상 사람들이 이름과 재물을 탐내어 몸을 돌
보지 않음을 경고했다.

  이름이나 재물보다 몸이 더 소중하다는 것은 누구나 다 알고
있다. 그러나 사람들은 몸을 돌보지 않고 이름과 재물 얻기를
탐내어, 잃는 것을 싫어한다.

  하지만 명리(名利)의 얻고 잃는 것을 따져 보면, 결국 그것을

얻기 위하여 몸을 돌보지 않다가 몸을 손상할 경우 결국 사람을 병들게 하는 것은 잃어버리는 일이 아니고 얻는 일이라는 것을 알 수 있다.

대체로 이름을 지나치게 좋아하는 사람은 도리어 그 때문에 이름을 크게 떨어뜨리게 되는 것이며, 재물을 지나치게 많이 감춰 둔 사람은 도둑을 맞게 되면 그만큼 많이 잃게 되며, 피해나 손실을 당하는 경우에도 반드시 그 분량은 그만큼 클 것이다. 탐내지 않고 추구하지 않는다면 이름이나 재물 때문에 욕됨을 당하는 일이 없을 것이며, 적당한 한계에서 그칠 줄 알면 무리한 행위를 하지 않을 것이니, 위태한 일이 있을 수 없을 것이다. 욕됨도 위태함도 없다면 장구할 수 있을 것이다.

제45장

위대한 완성은 이지러진 것 같다. 그러나 그 효용은 다함이 없다.

가장 크게 충만한 것은 빈[虛] 것 같다. 그러나 그 작용은 끝이 없다.

크게 곧[直]은 것은 굽은 것 같고, 가장 뛰어난 기교(技巧)는 졸렬한 것 같이 보이며, 뛰어난 웅변은 눌변(訥辯)처럼 들린다.

날뛰어 움직이면 추운 것을 이기고, 고요히 있으면 뜨거운 것을 이긴다.

맑고 고요하여야 천하의 바른 것이 될 수 있다.

•原文•

大成若缺 其用不弊 大盈若沖 其用不窮 大直若屈 大巧若拙
大辯若訥 躁勝寒 靜勝熱 淸靜爲天下正

註解

- 조(躁): 부산하게 움직임. 날뛰어 움직임. 운동.
- 천하정(天下正): 정(正)은 바른 것. 즉 천하의 바른 것의 표준.

•解義•

　크게 이루어진 것은 이지러진 데가 있는 것 같다. 그러므로 도
(道)보다 더 크게 이루어진 것이 없건마는 얼른 보기에 도는 그
저 고요할 뿐 형체도 없고 작위함도 없어서 어딘가 부족한 것
같다. 그렇지만 그 작용이나 공효는 아무리 써도 다함이 없다.

　크게 찬(盈) 것은 빈 것 같다. 그러므로 도는 비었을 뿐 눈에
보이지 않고 귀에 들리지도 않으며 손으로 만져 볼 수도 없다.
정말 아무것도 존재하지 않는 것 같다. 그러나 도의 작용은 막
히는 일이 없다.

　크게 곧은 것은 굽은 것 같이 보인다. 일직선으로 곧게 멀리

198

뻗친 큰길을 바라보며 저 편 끝은 가늘게 좁아 들어 휘어진 것처럼 보인다.

크게 교묘한 것은 졸렬한 것 같다. 천지자연의 법칙은 삼라만상(森羅萬象)을 제각기 다른 성질과 상이한 모양을 만들어 내건마는 목수나 보석장(寶石匠)처럼 다듬고, 깎고, 아로새기는 일이 없다.

썩 잘하는 웅변은 말을 더듬거리는 것 같다. 도에 맞게 말하기 때문에 그 말은 신중하고 천천히 더듬는 것처럼 하는 것이다. 말을 폭포처럼 물이 쏟아지듯 빠른 기세로 유창하게 다변(多辯)을 술술 토하는 것은 말재주는 될지언정 사리에 맞는, 천하의 대도(大道)에 어긋나지 않는 말이 될 수는 없다. 그것이 진정한 대웅변일 수는 없는 것이다.

날뛰어 움직이는 것은 열(熱)을 발생하게 한다. 열은 추운 것을 이기지만, 고요한 것은 그 열을 이긴다. 결국 맑고 고요한 것이 천하의 표준이 되는 것이다.

도는 조급하게 날뛰는 일이 없고, 열을 발산하는 일도 없다. 언제나 고요하고 맑고 자연스러울 뿐이다. 그러므로 도는 천하 만물의 근본이 될 수 있는 것이다.

제46장

　천하에 도가 행하여지면 잘 달리는 빠른 말은 군마(軍馬)에
서 물러나와 농사에 쓰이게 되지만, 천하에 도가 행하여지지 않
을 때에는 군마가 도성 밖의 가까운 들에 우글거리게 된다.
　만족할 줄 모르는 것보다 더 큰 불행은 없고, 남의 것을 얻고
자 하는 것보다 더 큰 허물은 없다.
　그런 까닭에 만족할 줄 아는 만족은 항상 넉넉한 것이다.

•原文•

天下有道 郤走馬以糞 天下無道 戎馬生於郊 禍莫大於不知足
咎莫大於欲得 故知足之足 常足矣

註解

- 극(郤): 물리치다. 내치다.
- 주마(走馬): 잘 달리는 빠른 말.
- 이분(以糞): 농사에 사역(使役)한다는 뜻.
- 융마(戎馬): 군마.
- 교(郊): 도성(都城) 또는 읍성(邑城) 밖의 가까운 곳.

·解義·

이 장은 노자가 살던 춘추 시대의 여러 나라 제후들이 전쟁을 일삼고 있는 것을 개탄하여 그것을 경계한 것으로 생각된다.

옛날 천하에 도(道)가 행해지고 있었을 때에는 서로 남의 것을 탐내거나 침략하는 행동이 없었기 때문에 전쟁이 일어나는 일이 없었다. 천하가 태평하니 군마 가운데서 잘 달리는 좋은 말은 군마에서 해제하여 농사에 사역하였다. 후세에 천하가 어지러워져서 여러 나라들은 전쟁으로 날이 새고 전쟁으로 날이 저물게 되니, 바로 도성 밖의 근교에까지 군마가 우글거리게 되었다.

가져도 또 갖고 싶고 빼앗고도 더욱 빼앗고 싶어서 만족할 줄 모른다면 그는 반드시 결국에는 불행에 빠지고야 말 것이다.

그리고 남의 것을 강제로 차지하려고 하는 일보다 더 큰 허물은 없는 것이다. 개인이 남의 것을 강취(強取)하면 강도가 되는 것이고, 나라가 남의 나라의 것을 강취하면 침략인 것이다. 강도나 침략 행위보다 더 큰 허물이 어디에 또 있단 말인가.

그런 까닭에 스스로 만족할 줄 알고 그만한 것을 만족하게 여긴다면 그의 마음은 항상 넉넉할 것이다. 욕심의 노예가 되어 남의 것을 탐내는 노심(勞心)이 없고 욕심이 없으니, 전쟁을 하기 위한 노고도 위험도 없다. 그러니 불행에 빠질 염려가 없고, 남의 것을 강취하려 하지 않으니 허물을 저지를 우려도 없을 것이다. 그의 마음은 언제나 여유가 있고 편안할 것이다.

제47장

　문 밖에 나가지 않고도 천하의 모든 것을 알며, 창 밖을 엿보
지 않고도 천도(天道)를 안다.
　멀리 나가면 나갈수록 그 아는 것은 더욱 적어진다.
　그런 까닭에 성인은 가까이 가지 않고 알며, 보지 않고 이름
지을 수 있고, 작위(作爲)하지 않고 성취하게 한다.

• 原文 •

不出戶知天下　不窺牖見天道　其出彌遠　其知彌少　是以聖人
不行而知　不見而名　不爲而成

• 유(牖): 들창. 창

──

• 解義 •

성인은 문 밖에 나가지 않아도 천하가 어떻다는 것을 알며, 창틈으로 하늘을 엿보는 일이 없어도 천도(天道)가 어떻다는 것을 안다.

그것은 그 원리를 알고 있기 때문이다. 천하가 천하로 있는 것은 천하를 그렇게 있게 하는 원리가 있기 때문이요, 천도가 천도다운 것은 천도를 그런 것으로 되게 하는 원칙이 있기 때문이다. 그러기에 천하가 어떻다는 것이 그 형상에 있지 않으며, 천도가 어떻다는 것이 그 하늘의 겉모습에 있는 것이 아니다. 그것은 오직 그 원리 원칙에 달려 있는 것이다. 그러므로 성인은 문 밖에 한 발자국도 나가는 일이 없건마는 그 원리 원칙을 알고 있기 때문에 앉아서 천하가 어떻다는 것을 아는 것이며, 하늘의 모양을 창틈으로 엿보는 일이 없건마는 천도가 어떻다는 것을 아는 것이다.

만일 눈으로 보고, 발로 다녀 본 것으로 천하를 알고 천도를 알려고 한다면, 그것은 어리석은 일이다. 멀리 나갈수록 원리 원칙을 알아내는 일과는 거리가 멀어질 것이다.

그런 까닭에 성인은 가지 않고도 알고, 보지 않고도 이름 지을 수 있고, 작위하지 않고도 성취할 수 있는 것이다. 성인은 천하 만물의 원리 원칙을 갖춘 도를 속에 지니고 있기 때문이다.

제48장

학문을 하면 날마다 할 일이 더 많아지고, 도를 하면 날마다 할 일이 줄어든다.

줄고 또 줄어서 하는 일이 없기에 이른다. 즉 무위(無爲)에 도달한다. 무위의 경지에 이르면 작위하지 않건마는 하지 않는 것이 없다.

천하를 차지하는 것도 항상 하는 일 없는 것(즉 무위(無爲))으로 한다. 하는 일이 있기에 이르면 벌써 천하를 취할 수는 없는 것이다.

• 原文 •

爲學日益 爲道日損 損之又損 以至於無爲 無爲而無不爲 取

天下常以無事 及其有事 不足以取天下

註解

- 위학일익(爲學日益): 학문을 하면 할수록 날마다 해야 할 일이 더 많아진다는 뜻.
- 위도일손(爲道日損): 도를 닦으면 날이 갈수록 무(無)의 상태로 가까워져 가기 때문에 할 일이 날마다 줄어든다는 뜻.
- 무사(無事): 무위(無爲)와 같은 뜻.
- 유사(有事): 작위하는 일이 있는 것.

•解義•

학문을 한다는 것은 알기를 구하는 일이므로 날마다 배워도 할 일은 더 많아지는 것이다. 학문이나 지식이라는 것은 쌓아 가면 쌓아 갈수록 의문은 더 많아지고, 알고 싶은 것, 배우고 싶은 것은 더 많아진다. 그러기에 노자는 배우는 것을 포기하면 근심이 없어진다고 하였다.

그러나 도는 닦으면 닦을수록 날마다 할 일이 줄어든다. 도를 닦는다는 것은 망념(妄念)을 버리는 일이다. 이것을 해 보고 싶다, 저것을 해야겠다고 인위적인 작위로 무엇을 성취하려는 망

넘된 생각을 버리는 것이 도를 닦는 일이다. 그러므로 도를 닦으면 닦을수록 모든 것을 자연에 순응할 뿐 작위하려는 망념은 줄어 가는 것이다. 망념이 줄고 또 줄면 무위의 경지, 즉 아무것도 작위하지 않는 경지에 이르게 된다. 무위의 경지에 도달하면 하지 못하는 것이 없는 것이다.

옛날 착한 임금들이 천하를 얻은 것은 항상 인위적으로 작위하는 일이 없었기 때문이다. 요(堯)임금도 무위의 정치로 자연스럽게 천하를 다스렸다.

만일 인위적으로 작위하는 일이 있다면 천하를 얻을 수는 없을 것이다. 즉 천하의 백성들이 제각기의 마땅한 바를 얻어서 생을 즐기게 하는 태평하고도 자연스러울 뿐인 천하는 이룩할 수 없을 것이다. 비록 힘으로 천하를 강점할지라도 천하의 인심이 그에게 순종하지 않는다면 그것은 천하를 얻었다고 말할 수 없을 것이다.

제49장

성인은 고정한 마음이 없다. 백성들의 마음을 마음으로 한다. 나는 착한 사람을 선으로 대한다. 나는 착하지 않은 사람도 또한 선의(善意)로 대한다. 그렇게 하면 모두가 선인이 된다.

나는 믿음성이 있는 자를 믿는다. 그러나 나는 믿음성이 없는 자도 또한 믿는다. 그렇게 하면 모두가 믿음성이 있는 사람이 된다.

성인은 마음에 집념 없는 무심의 상태로 천하를 위하여 그 마음을 혼연일체하게 가진다.

그렇게 하면 백성들은 다 그들의 귀와 운을 성인에게 집중하여 그의 말을 듣고 행동하는 것을 본다.

성인은 그들을 다 어린아이와 같이 대우한다.

•原文•

聖人無常心 以百姓心爲心 善者吾善之 不善者吾亦善之 得善
信者吾信之 不信者吾亦信之 得信 聖人在天下 歙歙焉 爲天
下渾心焉 百姓皆注其耳目焉 聖人皆孩之

註解 ─────────────────────

- 상심(常心): 일정불변하는 마음. 집념.
- 흡흡언(歙歙焉): 무심(無心)의 상태.
- 혼심(渾心): 혼연일체(渾然一體)의 마음. 혼일(渾一)한 마음. 모든 사람
  에게 같은 마음으로 대하는 마음.
- 해지(孩之): 해(孩)는 어린아이, 해지(孩之)는 어린아이로 만든다. 즉
  어린아이와 같이 대우한다는 뜻.

•解義•

성인에겐 자기의 집념이라는 것이 없다. 다시 말하면 고정된
선입관이 없다. 마치 거울에 자기의 고정된 얼굴이 없고 물건이
비치는 대로 수응(隨應)하는 것과 같다. 그러므로 성인의 마음
은 백성의 마음을 마음으로 한다.

성인은 자신의 마음을 고정시키지 않으므로 백성을 보는 마

음도 또한 선입관이 없다. 선량한 사람을 볼 때에 선량하게 여긴다. 선량하지 않은 사람을 볼 때에도 또한 선으로 대한다. 사람의 마음은 누구나 고정된 것이 아니다. 성인은 선량하지 않은 사람의 마음도 고정 불변의 것은 아니라고 생각한다. 그러기에 선량한 사람도 선량하지 않은 사람도 다 같이 선의로 대할 수 있는 것이다. 그리하면 결국에는 모두가 선량한 사람이 되는 것이다.

같은 논리로, 성인은 믿음성이 있는 사람도 믿고 믿음성이 없는 사람도 믿는다. 그렇게 하면 결국은 모두가 믿음성이 있는 사람들이 된다.

그러므로 성인이 군주로서 천하 위에 있을 때에는 아무런 선입관(先入觀) 없는 무심의 상태로 있어서 온 천하 사람들을 혼연일체의 마음으로 대한다. 선인도, 불선인도, 믿음성 있는 사람도, 없는 사람도 모두 같은 마음으로 대한다.

그렇게 함으로써 백성들은 모두 군주의 하는 일과 그의 말을 보고 들으려고 귀와 눈을 그에게 집중시키게 된다. 성인은 자기에게 귀와 눈을 모으고 있는 천하의 모든 백성들을 모두 어린아이를 보살피고 보호하듯 사랑하고 돌봐주고 편안하게 해 주는 것이다.

이렇게 성인의 마음은 차별이 없으며, 성인의 덕은 온 천하 사람들을 다 착하고 믿음성이 있는 사람으로 감화시킨다. 마치 천지자연의 은덕이〔도(道)의 작용이〕천하 만물을 제각기 각개의 개성을 발휘하면서 제 나름의 마땅한 바에 따라 생을 즐기게 만들어 줌과 같은 것이다.

성인의 덕은 도의 작용을 체득한 것이기 때문이다.

제50장

　사람이 사는 곳(生地)으로 나가고, 죽는 곳(死地)으로 들어가는 일이 있을 경우에, 살 곳으로 가는 사람이 열 사람 중에 세 사람, 죽을 곳으로 가는 무리가 열 사람 중에 세 사람은 된다. 그리고 사람이 살려고 몸부림치다가 도리어 죽을 곳으로 가는 사람이 또한 열 사람 중 세 사람은 된다.

　그것은 무슨 까닭인가. 그것은 살려고 하는 마음이 너무 많기 때문이다.

　그런데 나는 들으니, 섭생(攝生)을 잘하는 자는 육지에서는 들소나 범을 만나지 않고, 전쟁터에 나가도 무기의 상해를 입지 않는다고 한다.

　그런 사람에게는 들소도 그 뿔로 받을 곳이 없고, 범도 발톱으로 할퀼 곳이 없고, 무기는 칼날을 쓸 곳이 없다고 한다.

그것은 무슨 까닭인가. 그에게는 사지(死地)가 없기 때문이다.

•原文•

出生入死 生之徒十有三 死之徒十有三 人之生動之死地亦十
有三夫何故 以其生生之厚 蓋聞 善攝生者 陸行不遇兕虎 入
軍不被甲兵 兕無所投其角 虎無所措其爪 兵無所容其刃 夫
何故以其無死地

註解

- 섭생(攝生): 생명을 유지(維持)하는 일.
- 시(兕): 외뿔난 들소〔一角野牛〕.
- 갑병(甲兵): 갑옷과 병기(兵器). 여기서는 무기(武器)를 가리킨 말.

•解義•

이 장에서는 사람의 죽고 사는 것을 말하고 있다.

세상 사람들은 대체로 살 길로 가는 사람이 열 사람 중에 세
사람, 죽을 길로 가는 사람이 열 사람 중에 세 사람은 된다. 그

리고 사람이 살려고 몸부림치다가 도리어 사지(死地)로 가는 사람이 또한 열 사람에 세 사람은 된다. 그것은 어째서 그런가 하면, 세상 사람들은 너무 살려고 하기 때문에 도리어 사지로 가는 것이다. 병법가(兵法家) 손자(孫子)는 "기어이 살아야겠다고 집념하는 장수는 사로잡혀 죽을 가능성이 많다"고 하였다. 전쟁에 나간 장수가 무슨 일이 있더라도 자기만은 반드시 살아야 한다고 고집한다면 그는 도리어 적에게 사로잡혀 죽음을 면치 못할 것이라는 뜻이다. 사람이 죽고 사는 경지에서 태연하게 생과 사를 안중에 두지 않고, 욕심에 사로잡힘이 없이 오직 정당한 도리에 좇아 의젓이 행동한다면 그것이야말로 진정 자신의 생(生)을 잘 유지하는 일이 되는 것이다. 그러므로 '성인(聖人)은 자신을 남의 뒤로 밀기 때문에 도리어 몸이 남의 앞에 있게 되고, 자신을 제외하기 때문에 도리어 몸이 생존하게 된다(後其身而先身 外其身而 身存)'라고 하였다.

그러한 자에게는 사지(死地)가 없는 것이다. 어떠한 위험도 그러한 자는 해치지 못한다.

결론은 생사를 초월하여 오직 마땅한 바를 지키는 자에게는 도리어 안전함이 있다는 것이다.

제51장

　도(道)가 그것을 낳고, 덕(德)으로써 그것을 기르고, 물체마다
형태가 있게 하고, 세(勢)를 주어 그것을 성장하게 한다.

　그런 까닭에 만물은 그 어느 것이나 도를 높이지 않는 것이
없고 덕을 귀(貴)하게 여기지 않는 것이 없다.

　도를 높이는 일, 덕을 귀하게 여기는 일, 그것은 누가 명령하
지도 않건마는 항상 저절로 그러하다.

　그런 까닭에 도가 그것을 낳고, 덕으로 그것을 길러서 키우
며, 그것에 형(形)을 품부(稟賦)하고 질(質)을 이루게 하며 양성시
키고 비호(庇護)한다.

　이렇게 도는 그것을 낳건마는 소유하려 하지 않고, 그렇게 만
들건마는 자랑하지 않으며, 성장시키건마는 지배하려 하지 않

는다. 이것을 현덕(玄德)이라고 한다.

•原文•

道生之 德畜之 物形之 勢成之 是以萬物莫不存道而貴德 道
之尊德之貴 夫莫之命而常自然 故道生之 德畜之 長之育之
亭之毒之 養之覆之 生而不有 爲而不恃 長而不宰 是謂元德

註解

- 지(之) : (生之畜之 등의 之) 만물을 가리키는 대명사(代名詞).
- 물형지(物形之) : 만물이 형태를 형성한다는 뜻.
- 세성지(勢成之) : 힘, 즉 에너지로써 성장시킨다는 뜻.
- 정지독지(亭之毒之) : 정(亭)은 형체를 부여하는 것. 독(毒)은 그〔質〕를 이루게 하는 것. '亭謂品其形, 毒謂成其質'
- 양지복지(養之覆之) : 양지(養之)는 양성한다는 뜻. 복지(覆之)는 비호(庇護)한다는 뜻.
- 재(宰) : 주재(主宰)한다, 지배한다는 뜻.
- 현덕(玄德) : 심원(深遠)하고 신비한 덕.

· 解義 ·

이 장은 도가 천하 만물을 낳고, 덕이 그것을 길러서 번영하
고 성숙하게 만들건마는 도·덕은 그것을 낳았다고 하여 소유
하려 하지 않고, 길러 성장시켰다고 하여 자랑하지 않는다는 것
을 찬양한 것이다.

천하 만물의 생성이 도(道), 즉 자연의 법칙에서 나오지 않은
것이 없으며, 그의 성장과 성숙이 도의 작용인 덕에 힘입지 않
은 것이 없다. 그러니 도와 덕은 존귀한 것이다. 도·덕이 그렇게
존귀하건마는 도·덕은 그 존귀함을 스스로 존귀한 체하지 않
는다. 도덕이 만물을 생성 화육하는 데 있어서 마음먹고 명령
하는 것은 아니다. 도·덕은 만물에 이러쿵저러쿵 명령하는 일
이 없다. 자연히 그렇게 되게 할 뿐이다.

그러므로 도·덕은 만물을 낳고 기르고 성숙시키고 비호하건
마는 소유하는 일도, 지배하는 일도, 자랑하는 일도 없다. 그저
자연스러울 뿐이다. 이러한 것을 도(道)의 심오하고도 신비한 공
덕이라고 한다는 것이다.

제52장

천하는 그 시초가 있다. 그것이 천하의 어머니다.

이미 그 어머니를 찾아냈으니 따라서 그 아들을 알 수 있다.

이미 그 아들을 알고 다시 그 어머니를 지키면 몸이 다할 때까지 위태하지 않을 것이다.

사욕(事慾)이 생기는 구멍을 막고 사욕이 들어오는 문을 닫으면 몸이 다할 때까지 노고(勞苦)하지 않을 것이지만, 그 구멍을 열어 놓은 채 거기에서 생기는 일들을 잘 처리하려고 하면 몸이 다하도록 구제되지 못할 것이다.

작은 것을 잘 보는 것이 밝음이요, 유약한 것을 잘 지키는 것이 강한 것이다.

그 표면에 보이는 빛을 밝음의 본체인 드러나지 않는 도에 되

돌린다면 몸에 재해(災害)를 끼치는 일이 없을 것이다. 이것이 도
(道)의 떳떳함을 배우는 것이다.

•原文•

天下有始 以爲天下母 旣得其母 以知其子 旣知其子 復守其
母 沒身不殆 塞其兌 閉其門 終身不勤 開其兌 濟其事 終身不
救 見小曰明 守柔曰强 用其光 復歸其明 無遺身殃 是爲習常

註解

- 천하(天下): 여기에서는 천지 우주의 뜻으로 해석된다.
- 시(始): 도를 가리킨 것.
- 모(母): 어머니, 즉 근본.
- 수기모(守其母): 근본인 도를 지키는 것.
- 태(兌): 구멍(穴也). 일과 욕심이 생기는 구멍.
- 근(勤): 부지런하다는 뜻에서 노고(勞苦)한다는 것을 의미한 것.
- 제(濟): 이루다. 처리하다.
- 광(光): 광선이니, 광선은 밝음의 본체에서 발생하는 것.
- 복귀기명(復歸其明): 그 밝음의 근본에, 즉 도에 복귀하는 것.
- 습상(習常): 습(習)은 익히는 것, 즉 배운다는 뜻이니 도의 떳떳함을
  배우는 것. 습상(襲常)으로 된 책도 있다. 주해도 여러 가지 갈려 있
  으나 여기에서는 왕필(王弼)의 설에 좇는다.

• 解義 •

천하 만물은 그 시초가 있다. 그러니 시초라는 것은 곧 천하 만물의 어머니인 것이다. 이미 그 어머니를 알았으니 따라서 그 아들을 알 수 있는 것이다. 어머니는 근본이요, 아들은 거기에서 나온 가지이다.

천하 만물의 근본이라면 도를 가리킨 것이 되고, 도에서 나온 가지라면 천하 만물과 온갖 사물(事物)을 의미하는 것이다.

먼저 도를 알고 따라서 도의 원리를 미루어 천하 만물과 온갖 사물의 법칙을 안 다음에, 다시 모든 사물을 근본인 도에 도로 돌려서 도에 합치하게 한다면, 함부로 사물의 말절(末節)과 겉모습에 얽매이지 않을 것이니 도에서 멀리 떨어지는 행동을 하여 몸에 재앙을 초래하는 일은 없을 것이다.

모든 사욕(事慾)이 생기는 내부의 구멍을 막아 버리고, 온갖 사욕(事慾)이 외부에서 들어오는 문을 막아 버린다면, 아무런 번거롭고 위난(危難)한 일이 없을 것이니 몸을 마칠 때까지 노고(勞苦)하는 일이 없을 것이다.

그러나 사욕(事慾)이 내부로부터 생기는 구멍을 열어 놓고, 온갖 일을 다 처리하려고 한다면 몸이 다할 때까지 구제되지 못할 것이다.

작은 것을 잘 보는 것이 밝음이요, 유약(柔弱)한 것을 잘 지키는 것이 실은 강한 것이다.

도를 체득한 사람은 사물을 그 미세한 움직임에서 살핀다. 사물의 가늘고 작은 기미를 보고 그것을 바른 도로써 지킨다면, 도는 항상 부드럽고 약한 것이지만 천하의 어떤 사물도 거기에 이기지는 못할 것이다. 도의 작용은 유약한 것이다. 그러나 천하에 도를 이기는 것은 없다. 그러므로 유약한 도를 지키는 자는 강한 자이다.

밝음이란 것은 빛의 본체이고, 빛이라는 것은 밝음의 현상인 것이다. 이미 그 밝음의 현상인 빛을 사용하여 사물의 기미를 살피고, 그 빛을 다시 근본인 밝음의 본체에 돌린다면 항상 근본인 도에서 떠나는 일이 없을 것이다. 도는 안전하다. 그러므로 도에서 떠나지 않는 사람은 몸에 재앙이 생길 까닭이 없는 것이다.

이러한 것을 도의 떳떳한 법칙을 배우는 것이라고 한다.

제53장

　나로 하여금 사소한 지혜가 있어서 대도(大道)를 행하게 한다면, 시위(施爲)함이 있을까 오직 두려워할 것이다.

　큰길이 매우 평탄하여도 백성들은 지름길을 좋아한다. '하물며 그 큰길에 부자연한 시위(施爲)함이 있어서 평탄함을 방해하는 것은 말해 무엇하겠는가.'

　궁궐은 매우 깨끗한데 전지(田地)는 너무 황폐하고, 창고는 아주 비었으며, 궁정의 사람들은 무늬 있는 아름다운 비단옷을 입고, 좋은 칼을 찼으며, 배가 불러 음식을 싫어할 지경이고, 재물을 남도록 가졌다면, 이것은 도둑질하여서 사치하는 것과 같다. 이러한 것은 도(道)가 아니다.

使我介然有知 行於大道 唯施是畏 大道甚夷 而民好徑 朝甚
除 田甚蕪 倉甚虛 服文綵 帶利劍 厭飮食 財貨有餘 是謂盜
夸 非道也哉

註解 ────────────────────────────

- 개연(介然): 사소한. 조그마한.
- 시(施): 시위(施爲), 즉 인위적으로 시설 작위(施設作爲)함.
- 경(徑): 지름길.
- 조(朝): 궁실(宮室).
- 제(除): 소제(掃除)라는 뜻으로, 깨끗한 것.
- 문채(文綵): 무늬 있는 아름다운 비단.
- 도과(盜夸): 도(盜)는 도둑질, 과(夸)는 사치한 것, 즉 도둑질하여 사치하는 것. 도(道)가 아니고 얻은 사치이기 때문에 도과라고 한 것.

────────────────────────────────

• 解義 •

노자는 말한다. 나로 하여금 조그마한 지혜가 있다고 하여 대도(大道)를 행하게 한다면, 나는 오직 인위적인 시위(施爲)를 저지를 것을 두려워할 것이다.

큰길이 매우 평탄하여도 백성들은 지름길을 좋아한다. 무위 자연의 도는 안전하고 편안하고 자연스러운 길이다. 그러나 그 것보다는 부자연스럽고 위태한, 이(利) 있는 것처럼 눈에 보이는 작위(作爲)하는 정치를 더 좋아하게 될 것이다. 그러므로 인위적 인 시위(施爲)는 백성들로 하여금 무위자연의 도에서 떠나게 하 는 일이 된다. 그러므로 두려운 것이다.

정치를 잘하기 위하여 애써서 작위하는 일도 실은 이처럼 두 려운 일인데, 그 작위하는 일이 백성을 위한 것이 아니라면 더 욱 두려운 것이다.

가령, 궁궐은 매우 깨끗한데 전지(田地)는 몹시 황폐하고 창고 는 아주 비었으며, 거기에 궁정의 사람들은 무늬 있는 아름다운 비단옷을 입고, 좋은 칼을 찼으며, 배가 불러 음식을 싫어할 지 경이고, 재물을 남도록 가졌다면 이것은 마치 도둑이 도둑질해 서 사치하는 것과 같은 것이라고 하겠다. 그것은 도(道)와는 거 리가 먼 것이다.

제54장

잘 세운〔建〕 것은 뽑히지 않고, 잘 안은〔抱〕 것은 벗어나지 못한다. 이러한 도를 자손에 전하여 대대로 잘 지키면 자손은 길이 이어져서 제사가 그치지 않을 것이다.

이러한 도를 몸에 닦으면 그의 덕은 참될 것이다.

그것을 집에 닦으면 그 덕은 곧 여유가 있을 것이다.

그것을 고을에 닦으면 그 덕은 곧 더욱 커질 것이다.

그것을 나라에 닦으면 그 덕은 곧 풍부하게 될 것이다.

그것을 천하에 닦으면 그 덕은 곧 보편〔普遍〕하게 될 것이다.

그런 까닭에 내 몸으로 남의 몸을 관찰하고, 내 집 일로 남의 집을 관찰하며, 내 고을 일로 남의 고을 일을 관찰하고, 내 나라 일로 남의 나라 일을 관찰하며, 천하 백성의 마음으로 천하의 도를 관찰할 수 있다.

　내가 무엇으로 천하가 그렇다는 것을 알겠는가, 이것으로 아
는 것이다.

•原文•

善建者不拔 善抱者不脫 子孫以祭祀不輟 修之於身 其德乃
眞 修之於家 其德乃餘 修之於鄕 其德乃長 修之於國 其德乃
豊 修之於天下 其德乃普 故以身觀身 以家觀家 以鄕觀鄕 以
國觀國 以天下觀天下 吾何以知天下然哉 以此

註解 ───────────────────────────

- 자손이제사불철(子孫以祭祀不輟): 자손에게 이 도(道)를 전하면 자손
  이 영구히 이어져서 제사를 그치지 않을 것이다. 이는 왕필(王弼)의
  설에 의거한 것으로, 이 구절의 주석에는 여러 설이 있으나 예거하
  지 않는다.

- 이차(以此): '이것 때문이다'라는 뜻. 즉 위에서 말한 그런 것을 가지
  고 천하의 일을 안다는 뜻이다.

─────────────────────────────────

・解義・

모래 위에 세운 높은 집은 쓰러지고야 말 것이다. 그러나 반석 위에 세운 건물은 튼튼하게 버틸 것이다. 기둥을 표면에 그냥 세우면 그 기둥은 견고하지 않을 것이다. 그러나 땅속이나 바위 속을 깊이 파고 거기에 세운 기둥은 안전할 것이다. 그러므로 잘 세운 것은 쓰러지지 않는다고 하였다.

하지만 가장 잘 세우는 방법은 사람의 마음속에 세우는 일이다. 마음이란 기초는 반석보다도 튼튼한 것이다. 더구나 마음 속에 세운다면, 누구도 어떤 물건도 남의 마음속에 세운 것을 흔들어 쓰러뜨릴 수는 없을 것이다.

마음속에 세워야 할 것, 그것은 도를 의미한다. 마음속에 도를 굳게 세운다면 누구도 그것을 방해하지 못할 것이다. 그것이 가장 잘 세우는 방법인 것이다.

같은 논리로 가장 잘 안는(抱) 방법도 마음속에 안는 것이다. 마음속에 안는 것은 안겨지는 대상이 즐겨 안기는 것이다. 스스로 벗어나려고 하지 않기 때문에 벗어나 달아날 염려는 없는 것이다.

이와 같이 도를 마음속에 세우고, 도를 마음으로 안는다면 그 도에서 나오는 덕은 참될 것이다. 사람의 마음속에서 나오는 것은 언제나 참된 것이기 때문이다.

그렇게 참된 덕을 지닌다면 자신뿐만 아니라 자손대대로 음덕이 쌓여서 제사가 영원히 이어질 것이라고 했다.

자기 몸에 참된 덕을 지니고, 그 여력을 가지고 집에 닦으면 그 덕은 그만큼 더 넉넉하여질 것이다. 그것을 고을에 미치게 하면 덕은 더욱 커질 것이며, 나라에 미치게 하면 덕은 그만큼 풍부하여질 것이고, 다시 천하에 베풀게 되면 그 덕은 천하에 골고루 미치게 될 것이다. 이런 생각은 유교(儒敎)에서 말하는 바, 수신(修身)·제가(齊家)·치국(治國)·평천하의 사상과 일치하는 것이다. 근본은 오직 자기 자신의 덕, 마음속의 덕을 닦는 것에 있다는 것이다.

그렇게 하여 자신의 마음에 덕을 지니게 되면 남의 몸도 내 몸처럼 보게 되어 나와 남의 차별이 없어지게 된다. 그러므로 내 몸을 살펴서 남의 몸을 알게 되는 것이다. 그렇게 미루어 가면 오늘의 천하는 옛날의 천하와 같고, 또 장래의 천하도 또한 현재의 천하와 같을 것이다. 오직 하나인 도의 작용인 덕의 공효(功效)는 같은 것이다. 그러므로 자기 몸속에 있는 도를 살피는 것으로써 천하의 모든 것을, 그리고 과거도 미래도 알 수 있다는 것이다.

노자는 이러한 원리 원칙을 알기 때문에 문 밖에 한 발자국
도 내딛지 않고 천하의 일을 안다고 한 것이다.

제55장

덕을 풍부하게 가진 사람은 비유한다면 어린아이 같아서, 벌이나 전갈도 쏘지 않고, 뱀도 물지 않으며, 맹수도 덤벼들지 않고, 움키는 새도 치지 않는다.

어린아이의 뼈는 약하고 근육은 부드럽다. 그러나 잡(握)는 힘은 세다. 암컷과 수컷이 교합하는 것을 알지 못하건마는 음경(陰莖)은 일어선다. 생명력의 극치다. 온종일 부르짖어도 목이 쉬지 않는다.

조화(調和)의 극치다. 조화를 아는 것을 상(常)이라고 한다. '만물은 화(和)한 것으로 상(常)을 삼기 때문이다. 상(常)은 영원불변의 법칙이다.' 상(常), 즉 영원불변의 법칙을 아는 것을 명찰(明察)이라고 한다.

인위적으로 생을 더하려고 하면 요사(夭死)하고, 마음이 기
(氣)를 부리면 강포(強暴)하다고 한다.

만물은 강장(強壯)하여지면 쇠퇴한다. 그런 것은 도(道)가 아
니다. 도 아닌 것은 빨리 그친다.

• 原文 •

合德之厚 此於赤子 蜂蠆虺蛇不螫 猛獸不據 攫鳥不搏 骨弱
筋柔而握固 未知牝牡之合而峻作 精之至也 終日號而不嗄 和
之至也 知和曰常 知常曰明 益生曰祥 心使氣曰強 物壯則老
謂之不道 不道早已

註解 ─────────────────────────────

- 적자(赤子): 어린아이.
- 봉채(蜂蠆): 벌과 전갈. 독충(毒蟲).
- 훼사(虺蛇): 이무기와 뱀.
- 석(螫): 벌레가 쏘는 것.
- 거(據): 덮이다. 차지하다.
- 확조(攫鳥): 발톱으로 움키는 새. 사나운 새.
- 박(搏): 후려치다. 두드리다.
- 빈모지합(牝牡之合): 암컷과 수컷의 교합.

- 최작(㝌作): 최(㝌)는 어린이의 음경(陰莖). 작(作)은 일어서는 것.
- 애(嗄): 목쉬다.
- 상(祥): 요(妖)와 같은 뜻으로, 요(妖)는 요(夭)와 통한다. 요사(夭死), 즉 일찍 죽는 것.
- 강(强): 강포(强暴).

•解義•

이 장에서는 어린아이의 생태를 찬양하여 덕을 지닌 사람의 상태를 표현하고 있다.

어린아이는 아무런 욕구도 없다. 부드럽고 약하다. 순수하고 천진하다. 그리고 화(和)하다는 것을 말하여 덕을 지닌 사람은 어린애 같다고 말했다. 그러므로 부자연스럽게 오래 살려고 작위하거나, 강하게 기(氣)를 부리는 것은 무위자연의 도에 어그러지는 일이다. 도에 어그러지는 일은 오래 지속될 수가 없다. 결국 부드럽고, 약하고, 무위 무욕(無爲無慾)하고 조화된 것이라야 길이 존재할 수 있는 것이다. 그것은 덕이 있는 자만이 그렇게 할 수 있다는 것이다.

제56장

아는 자는 말하지 않고, 말하는 자는 알지 못한다.

그 구멍을 막고, 그 문을 닫으며, 그 날카로움을 꺾고 그 분(忿)을 풀며, 그 광채를 부드럽게 하여 티끌과 함께 섞여 있을 수 있다면 그것을 심원(深遠)·신비한 동일(同一)이라고 한다.

그런 까닭에 친근하게 할 수도 없고, 소원하게도 할 수 없으며, 이 되게 할 수도 없고, 해 되게 할 수도 없고, 존귀하게 할 수도 없고, 비천하게 할 수도 없다.

그런 까닭에 천하에 가장 존귀한 것이 되는 것이다.

• 原文 •

知者不言 言者不知 塞其兌 閉其門 挫其銳 解其忿 和其光 同

其塵 是謂玄同 故不可得而親 不可得而疏 不可得而利 不可
得而害 不可得而貴 不可得而賤 故爲天下貴

註解

- 지자(知者): 아는 사람. 여기에서는 도를 아는 사람을 가리킨 것.
- 태(兌): 사욕(事慾)이 생기는 구멍.
- 화(和): 섞는다는 뜻. 즉 날카로운 밝은 빛을 부드럽게 하는 것.
- 현동(玄同): 날카롭고 둔한 것, 밝고 어두운 것 등 양 극단의 것을 잘
  조화하여 치우치거나 부족함이 없는 동일한 상태로 하는 도(道)의
  심원하고 신비한 작용. 즉 신비한 동일.

• 解義 •

진실로 아는 자는 아는 체하여 말하지 않는다. 반대로 아는
체 말하는 자는 실은 알지 못하는 자이다.

그러므로 도를 아는 자는 사욕(事慾)이 생기는 자기 내부의
구멍을 막고, 외부로부터 세상의 사욕이 들어오는 문을 닫는다.
그리하여 날카로운 것을 둔하게 만들어 질박함을 지키고, 분노
하는 격정을 풀어 누그러지게 하여 다툼의 근원을 없애 버린다.
특히 남의 눈에 드러나 보이는 광명을 흐리게 하여 티끌과 함께

있으면서 조화를 이룰 수 있는 것이다.

그러므로 도를 체득한 사람은 알건마는 말하지 아니하며, 무위무욕(無爲無慾)하여 사욕(事慾)에 구애됨이 없고, 정예(精銳)할 수 있건마는 그것을 둔하게 하며, 성내지 않으므로 남과 다투는 일이 없다. 남에게 드러나 보이려고 하지 않기 때문에 그 밝은 광명을 티끌과 함께 조화시킨다. 티끌과 함께 하여도 스스로 더럽혀지거나 물들지 않고, 티끌로 하여금 정화(淨化)되게 한다. 이렇게 날카로운 것과 둔한 것, 밝은 것과 어두운 것, 강한 것과 약한 것을 잘 조화시켜서 치우치거나 부족함이 없는 동일한 상태로 승화시킨다. 이것을 심오하고 눈에 보이지 않는 도(道)의 동화력이라고 한다.

그러므로 도는 특히 친근히 할 수도 없으며, 그것을 더욱 이되게 하여 줄 수도 없고, 해 되게 할 수도 없다. 그것을 더욱 귀한 것으로 만들 수도 없고, 천하게 만들 수도 없다. 도는 인간이 감히 범할 수 없는 위대한 존재이다. 그러므로 도(道)는 천하에 가장 존귀한 존재이다. 무엇도 그보다 위에 있는 것은 없기 때문이다.

제57장

바르게 하는 것으로써 나라를 다스리면 장차 기계(奇計)로써
전쟁을 운용하게 될 것이다. 그러나 하는 일 없는 정치를 하면
천하를 차지하게 될 것이다.

내가 무엇으로 그것이 그러하다는 것을 아는가. 다음에 말하
는 일에서 안다.

천하를 바르게 한다고 하여 금지하는 일이 많으면 백성은 더
욱 더욱 가난해지고, 백성에게 정예(精銳)한 무기를 많이 가지게
하면 국가는 점점 더 암흑해진다.

사람들에게 기교가 많으면 진기(珍奇)한 물건이 많이 나오고,
나라에 법령이 많이 발표될수록 도적은 많아지는 것이다.

그런 까닭에 성인은 "내가 하는 것이 없으면 백성은 저절로

감화되고, 내가 고요히 있는 것을 좋아하면 백성은 저절로 바르게 되며, 내가 일 없이 있으면 백성은 저절로 부유하게 되고, 내가 욕심 없이 있으면 백성은 저절로 순박하게 된다"고 말하였다.

· 原文·

以正治國 以奇用兵 以無事 取天下 吾何以知其然哉以此 天下多忌諱 而民彌貧 民多利器 國家滋昏 人多伎巧 奇物滋起 法令滋彰 盜賊多有 故聖人云 我無爲而民自化 我好靜而民自正 我無事而民自富 我無欲而民自樸

註解

- 정(正): 바르게 하는 것. 무위(無爲)가 아님.
- 기(奇): 기계(奇計). 즉 남을 속이는 기이한 꾀.
- 기휘(忌諱): 금지.
- 이기(利器): 예리한 무기.
- 자혼(滋昏): 더욱더 암흑해지는 것.
- 지교(伎巧): 기교(技巧)와 같으니 교묘한 솜씨. 기술.
- 기물(奇物): 기이한 물건. 노자(老子)는 신기(新奇)한 기물은 세상을 해롭게 하는 물건으로 생각한다.

- 정(靜): 정지. 즉 고요하게 있고 움직이지 아니하는 것.
- 박(樸): 순박(純朴). 소박한 것.

• 解義 •

이 장에서는, 가장 이상적인 정치는 무위자연의 정치라는 것을 말하고 있다.

바르게 한다는 것을 표준으로 하여 정치를 하게 되면 모든 바르지 못한 것을 지적하고 금지하고 징계하여야 할 것이다. 그렇게 하면 세상은 바르고 굽은 것이 다투게 될 것이며, 굽은 것이 바른 것처럼 꾸미게 될 것이다. 기계(奇計)가 생기고 속임과 허위가 일어나게 된다. 기계와 허위가 횡행하는 세상이면 반드시 혼란을 가져와 전쟁을 하기에 이르게 되는 것이 추세이다. 그러니 바르게 하는 것을 표준으로 내세운 정치로 천하를 다스릴 수는 없다. 오직 무위(無爲)의 정치만이 천하를 다스릴 수 있는 것이다. 무위의 정치는 도에 순응하는 자연스러운 정치이다. 도에 순응한다는 것은 근본을 존중하는 정치다. 근본을 튼튼하게 하면 모든 잎과 가지와 꽃은 저절로 자연스럽게 잘 성장하고 번영할 것이다. 도로써 정치를 하면 하나하나를 바로잡지 않아도 천하는 저절로 바르게 되는 것이다. 백성들은 제각기 마땅한 바를 얻어 각자의 생업을 즐기게 될 것이다. 누구도 그를 바르니 굽으니 간섭하지 않는다. 그러나 그들은 모두가 바르고, 모두가 생을 즐길 수 있을 것이다. 그러고도 그것이 누구의 힘인 것을 깨닫지 못할 것이다. 천지자연의 법칙은 천지의 온갖 생물이 크거나 작거나 제 나름의 생을 즐기게 한다. 그러하여 천지 사이는 풍성하고 번영한다.

천하를 바르게 한다고 하여 국가에서 온갖 법령으로 금지하는 일이 많으면 백성들은 자연스럽게 제각기의 마땅한 바를 얻지 못하여 더욱 빈곤하게 될 것이다.

또 국가가 강하게 되기 위하여 백성들에게 무기를 많이 갖게 하면 나라는 점점 암흑한 상태에 빠질 것이다.

사람들에게 기교를 숭상하게 되면 진기한 물건이 많이 생산되어서 백성들의 욕심은 더욱 자극을 받을 것이다. 나라에 법령이 많을수록 그것을 범하는 도둑은 더 많아질 것이다.

그러기에 이상적인 정치는 군주가 아무런 인공적인 작위를 하지 않고 자연의 법칙에 순응하는 무위의 정치를 하면 백성들은 저절로 교화될 것이며, 군주가 동요하지 않고 고요히 있으면 백성들은 저절로 바르게 될 것이고, 군주가 국리민복(國利民福)

을 만들겠다고 일하는 일이 없으면 백성은 저절로 부유하게 될 것이며, 군주가 욕심을 부리지 않으면 백성들도 욕심이 없어져서 저절로 순박하게 될 것이라고 한 것이다.

결국 도로써 정치를 하여야 천하에 임금 노릇할 수 있다는 것이다.

제58장

  그 정치가 무엇을 한다고 뚜렷이 내세우는 것이 없고 그저
혼후(渾厚)하기만 하면 그 백성들은 서로 다투는 일 없이 순박
하고 관대하지만, 그 정치가 빈틈없이 모든 것을 분명하게 분석
하고 자세히 살피면, 그 백성들은 경쟁심이 생겨 모두 욕구불만
의 상태에 빠질 것이다.

  화(禍), 그 곁에는 복이 기대어 섰고, 복(福) 그 속에서는 화가
숨어 있다.

  누가 선정(善政)의 극치를 알겠는가. 그것은 바로잡으려고 함
이 없는 정치, 그것이 있을 뿐이다.

  바로잡는 것을 목표로 하여 정치를 하면 그 바른 것은 다시
용병(用兵)하기에 이르게 되고, 따라서 기계(奇計)를 쓰게 된다.

그렇게 되면 그 선정(善政)은 다시 악정(惡政)이 될 것이다.

세상 사람들이 미혹(迷惑)하여 도를 찾지 못함이 진실로 오래
되었구나.

그러므로 성인의 정치는 마치 방형(方形)이면서 그 모서리가
남을 해치지 않으며, 모나지만 그 모난 것이 남을 상하게 하지
않는다. 쪽 곧지만 다른 것과 부딪치지 않으며, 빛이 있으나 남
의 눈이 부시도록 광채를 방사(放射)하지 않는 것과 같게 한다.
그것은 크게 모난 것은 모퉁이가 없고(大方無隅), 크게 곧은 것
은 굽은 것 같고(大直若屈), 밝은 도는 어두운 것과 같다(明道若
昧)는 것이다.

• 原文 •

其政悶悶 其民淳淳 其政察察 其民缺缺 禍兮福之所倚 福兮
禍之所伏 孰知其極 其無正 正復爲奇 善復爲妖 人之迷 其日
固久 是以聖人 方而不割 廉而不劌 直而不肆 光而不耀

註解 ───────────────────────

• 민민(悶悶): 무엇을 한다고 내세울 것이 없이, 그저 혼후(渾厚)하기만
  한 상태.

- 순순(淳淳): 순후한 모양.
- 찰찰(察察): 밝게 살피는 것. 빈틈없이 분명하게 살피는 것.
- 결결(缺缺): 이지러진 상태. 불만한 상태.
- 기무정(其無正): 그것은 바로잡는 일이 없는 정치라는 뜻. 왕필(王弼) 의 설에 의거함.
- 방(方): 방형(方形).
- 할(割): 해치다.
- 염(廉): 모난 것. '仄也' '側邊'
- 귀(劌): 상하게 하는 것. 상처(傷處)를 주는 것. '傷也'
- 사(肆): 정면으로 부딪치는 것. 격돌하는 것. '極也'

•解義•

이 장에서는 앞 장(제57장)에 계속하여 무위(無爲)의 정치와 바로잡겠다고 작위(作爲)하는 정치의 우열을 비교하고, 나아가서 무위 정치의 우수한 양상을 찬양한 것이다. 번역의 원문을 쉽게 풀어서 의역(意譯)에 가깝게 하였으므로 해의를 덧붙이지 않는다.

제59장

백성을 다스리고 하늘을 섬기는 일은 농부처럼 하는 것보다
더 나을 것이 없다. 농부는 밭을 다스릴 때에 힘써 잡초를 제거
하고, 농작물을 제일(第一)이 되게 한다. 그리고 자연에 맡겨 무
리하게 서두르지 않는다.

그 농부가 밭을 다스리는 것처럼 자연스럽게 백성을 다스리
는 일, 그것을 일찍 자연의 도리에 복종하는 것이라고 한다.

자연에 일찍 복종하는 것은 덕을 거듭 쌓는 일이 된다.

덕을 거듭 쌓으면 무엇에나 이기지 않음이 없게 된다.

무엇에나 이기지 않음이 없게 되면 그 도는 무궁하여 끝이
없다.

도가 무궁하게 되면 나라를 가질 수 있다. 나라의 근본을 가

지면 그 나라는 장구할 수 있다.

이것을, 뿌리가 깊고 튼튼하면 길이 생존할 수 있다고 하는 것이다.

•原文•

治人事天 莫若嗇 夫唯嗇 是以早服 早服謂之重積德 重積德
則無不克 無不克則莫知其極 莫知其極 可以有國 有國之母
可以長久 是謂深根固柢 長生久視之道

註解

- 색(嗇): 농부. 색(嗇)에 대하여는 여러 설이 있다. 왕필(王弼)의 설에 좇는다.
- 조복(早服): 일찍 자연의 도리에 복종한다는 뜻.
- 저(柢): 뿌리, 근저(根柢).
- 구시(久視): 오래도록 시식(視息)하는 것. 시식(視息)은 생존과 같은 뜻.

•解義•

백성을 다스리고 하늘을 섬기는 데 있어서 색(嗇)보다 나은 것이 없다고 하였다. 이 '색(嗇)'의 해석에는 여러 가지 설이 분분하다. 여기에서는 왕필(王弼)의 설에 좇아 농부로 풀이한다.

농부는 농작물을 배양할 때에 농부 자신이 농작물을 창작하거나 인위적으로 농작물의 싹을 뽑아 올리거나 이삭을 잡아당겨 길게 만들지 않는다. 오직 농작물의 성장을 방해하는 잡초를 제거하여, 농작물 본연의 생장력이 방해받지 않게 할 뿐이다. 그리고 농작물의 모든 종묘들을 차별 없이 동일하게 보호한다. 어느 그루는 특히 사랑하고 어느 그루는 특히 미워하는 일이 없다. 모두 제각기의 본연의 생장력을 발휘하여 제 나름의 꽃을 피우고 열매를 맺게 할 따름이다. 농부가 하는 일은 오직 자연에 순응하는 것뿐이다. 그리고 농작물이 본연의 생장력을 충분히 발휘할 수 있도록, 또 자연스러운 발전이 저해받지 않도록 할 뿐이다. 농부는 한 톨의 쌀도, 한 그루의 벼도 자신이 창조하려고 하지 않는다.

임금된 자가 나라를 다스리는 일도 농부가 농작물을 배양하는 것처럼, 오직 자연의 도에 맡길 뿐 인위적으로 작위하지 말아야 한다는 것이다. 인간이 제각기 지니고 있는 개성과 능력을 발휘하여 제각기의 생을 즐길 수 있도록, 다시 말하면 자연스러운 생존이 방해받지 않도록 그 근본을 북돋아 주고, 생장을 방해하는 잡초와 같은 욕심을 제거하여 주어서 저절로 다스려지게 하여야 한다는 것이다.

그렇게 하는 것을 자연의 법칙, 즉 도에 복종하는 일이라고 한다. 자연의 법칙에 복종하는 일은 빠르면 빠를수록 좋은 것이다. 빠르면 빠를수록 그것이 바로 덕을 쌓는 것이 된다. 덕을 쌓으면 그 쌓인 덕의 힘은 천하의 어떠한 것에도 이기지 않는 것이 없다는 것이다. 덕을 쌓으면 천하는 그에게 마음으로 감복하고 그에게 돌아가기를 바랄 것이다. 천하의 마음이 그에게 돌아간다면 무엇이 그를 이길 수 있겠는가.

천하에 이기지 않는 것이 없는 경지에 도달한다면 그의 도와 덕은 무궁한 것이다.

무궁한 도와 덕을 가진다면 그는 나라를 가질 수 있고, 그 나라는 또 장구할 수 있을 것이다. 도는 나라의 근본이니, 근본이 튼튼하면 장구할 수 있기 때문이다.

오직 무위자연의 도만이 정치의 근본이요 최상의 정치도라는 것이다.

제60장

큰 나라를 다스리는 것은 작은 생선을 삶는 것과 같다. 뒤흔들지도, 조급하게 서두르지도 말고 가만히 두어야 한다. 나라를 다스리는 일도 국가가 너무 번거롭게 간섭하지 말고 백성을 안정하게 하여야 한다.

도로써 천하를 다스리면 귀신도 신(神)의 힘을 나타내지 못한다. 귀신이 위력을 나타내지 못할 뿐 아니라 그 신은 사람을 해치지도 않는다. 신이 사람을 해치지 않을 뿐 아니라 성인도 또한 사람을 해치지 않는다.

그 양쪽이 다 인민을 해치지 않으므로 신과 성인은 덕을 합쳐서 함께 도로 돌아갈 것이다.

·原文·

治大國若烹小鮮 以道莅天下 其鬼不神 非其鬼不神 其神不傷
人 非其神不傷人 聖人亦不傷人 夫兩不相傷 故德交歸焉

註解

- 소선(小鮮): 작은 생선. 즉 작은 물고기.
- 이(莅): 군림. 다스린다는 뜻.
- 기귀불신(其鬼不神): 백성들이 고요하고 편안하게, 그리고 자연스럽
  게 살기 때문에 신에게 기구(祈求)할 일도, 신을 두렵게 여길 일도 없
  다. 그래서 백성들은 신의 존재를 잊는다. 즉 귀신도 힘을 나타내지
  못한다는 것이다.

·解義·

'나라를 다스리는 것은 작은 생선을 삶는 것과 같다.' 이 말은
유명한 말이다.

작은 생선을 삶을 때는 가만히 제대로 푹 삶아지도록 내버려
두어야 한다. 조급히 서두르거나 뒤흔들어 놓거나 자주 솥뚜껑
을 열어 보아서는 제대로 되지 않는다. 살이 아주 풀어져 버리
거나 손상된다.

나라를 다스리는 일도 그와 같다. 국가에서 법령을 자주 변경
하거나 많은 법령을 만들어 내어서 국민의 생활을 지나치게 이
러쿵저러쿵 간섭하고, 제한하고, 명령하고, 변경시키곤 하면 백
성들은 안정을 잃어서 생업에 착실할 수 없게 된다. 그리고 국민
의 마음은 항상 불안에 떨게 되는 것이다. 그러니 고요히 자연
스럽게 맡겨 두어 인위적인 작위를 하지 않아야 한다. 그것이 바
로 무위자연의 도인 것이다. 무위자연의 도로 신하를 다스리면
귀신도 귀신의 힘을 나타내지 못한다. 백성들은 병이 들거나 재
화를 만나면 귀신을 겁내며 귀신에게 기구(祈求)한다. 그러나 도
로 다스려지는 천하의 백성들의 몸은 건강하고, 재화는 없는 것
이니, 백성들은 귀신의 존재를 잊어버린다는 것이다.

　도(道)가 있는 세상에서는 귀신의 존재를 잊을 뿐 아니라 귀
신 그 자체도 사람을 해치지 못한다. 귀신도 도 안에 있는 존재
이기 때문이다.

　귀신이 사람을 손상시키지 않을 뿐 아니라 성인도 정치도 원
래 사람을, 비록 불선(不善)한 사람일지라도 해치지 않는다.

　그러니 신(神)도 성인도 백성을 해치지 않는다. 그렇게 되면
신과 성인은 그 도가 일치하여 덕이 한데로 교류하게 될 것이라
고 한 것이다.

나라의 정치는, 비록 선의에서 하는 일이라도 지나치게 국민 생활을 간섭하지 말고, 고요히 국민 각자의 자연스러운 생활에 맡기고 보이지 않는 곳에서 그 근본만을 북돋아 주라고 말하고 있다.

제61장

큰 나라는 강이나 바다 같은 것이어서 천하가 돌아가는 곳이다.

큰 나라는 천하의 암컷이다. 암컷은 항상 고요하게 있음으로써 수컷에게 이긴다. 수컷에게 이길 수 있는 고요함을 지닌 채 수컷의 아래가 된다.

그런 까닭에 큰 나라가 작은 나라에 겸허하게 저자세를 취하면 작은 나라가 거기에 붙게 되고, 작은 나라가 큰 나라에 겸허하게 저자세를 취하면 큰 나라는 그를 받아들일 것이다.

한 쪽으로 저자세를 가짐으로써 남을 받아들이고, 한쪽은 저자세를 가짐으로써 남에게 받아들여진다.

큰 나라는 겸병(兼倂)하여 남을 기르고자 함에 지나지 않고,

작은 나라는 들어가서 남을 섬겨 보호를 받고자 함에 지나지
않는 것이다.

그 양쪽이 다 각기 하고자 하는 것을 성취하게 되는 것이지
만—작은 것이 큰 것에게로 돌아가는 것이니—큰 것이 마땅
히 아래가 되어야 하는 것이다.

・原文・

大國者下流 天下之交 天下之牝 牝常以靜勝牡 以靜爲下 故
大國 以下小國 則取小國 小國以下大國 則取大國 故或下以
取 或下而取 大國不過欲兼畜人 小國不過欲入事人 夫兩者
各得其所欲 大者宜爲下

註解 ─────────────────────────────

- 대국자하류(大國者下流): 강이나 바다에 모든 물이 모여들 듯이, 큰
  나라는 천하의 나라들이 돌아가는 곳이라는 뜻.
- 하류(下流): 강이나 바다의 뜻으로 쓰고 있다.
- 교(交): 교류하는 곳, 즉 모여드는 곳.
- 이취, 이취(以取, 而取): 둘 다 같은 뜻이다. 구태여 구분하여 이취(以
  取)는 취하는 것, 이취(而取)는 취하여지는 것이라고 하는 이도 있다.

• 解義 •

이 장에서는 고요한 것, 겸허하여 몸을 낮추어 남의 아래에 처하는 일을 찬양한 것이다.

노자는 언제나 고요한 것, 겸허한 것, 남의 아래에 처하는 것을 찬양하고, 그것을 도의 모습이라고 생각한다. 그러나 그것은 언제나 움직일 수 있는 힘을 지닌 상태의 고요함이요, 남의 위에 있을 만한 능력이 있으면서 스스로 남의 아래에 몸을 낮추는 것이다. 그러므로 크면 클수록, 높으면 높을수록 작은 것과 낮은 것에 대하여 저자세를 취하는 것이다. 그러기에 큰 나라는 작은 나라의 아래에 스스로 저자세로 처하여야 한다.

강과 바다는 물의 가장 큰 존재이며 물의 왕자이건마는, 강과 바다는 항상 하류에 처하는 것이며, 동물의 암컷은 움직임보다도 더 큰 고요함을 지닌 존재이건마는 그 고요함으로써 항상 수컷의 아래에 위치한다고 비유한 것이다.

제62장

   도라는 것은 만물을 덮어 주는 깊숙한 밀실(密室)이다.

   도는 착한 사람이 쓸 수 있는 보물이며, 착하지 않은 사람이
보호되는 곳이다.

   도에서 나오는 말은 어떤 보물보다도 고가(高價)이며, 도에서
출발한 높은 행동은 남들로부터 존경을 받을 수 있을 것이다.

   착하지 않은 사람인들 어찌 버리겠는가. 도는 그들도 다 보호
한다.

   그런 까닭에 천자가 서고 삼공(三公)이 임명되었을 때에 그들
을 위한 선물로는, 비록 아름드리 둥근 구슬을 안고 남보다 먼
저 네 필 마차로 달려와서 바치는 사람이 있더라도 그것은 앉은
채 도(道)를 바치는 것만 못한 것이다.

옛사람들이 이 도를 귀중히 여긴 까닭은 무엇인가. 그것은 도
를 가지고 구하면 구하는 것이 얻어지고, 죄가 있어도 도가 있
으면 죄를 면할 수 있기 때문이 아니겠는가. 그런 까닭에 도는
천하에 가장 존귀하다고 한 것이다.

•原文•

道者 萬物之奧 善人之寶 不善人之所保 美言可以市 尊行可
以加人 人之不善 何棄之有 故立天子 置三公 雖有拱壁 以先
駟馬 不如坐進此道 古之所以貴此道者何 不曰以求得 有罪以
免邪 故爲天下貴

註解 ────────────────────────

• 오(奧): 여기에서는 깊숙이 있는 비밀스런 방이라는 뜻으로 풀이하
  였다. 왕필(王弼)은, 도(道)는 만물을 덮어 비호(庇護)하는 것이라고
  주장하였다. 결국 만물은 도의 심오한 법칙 속에 있다는 뜻이다.

• 불선인지소보(不善人之所保): 보(保)는 보호한다는 뜻. 즉 도(道)는 불
  선한 사람도 보호해 준다는 뜻.

• 미언가시(美言可市): 시(市)는 판다(賣)는 뜻이니, 아름다운 말은 팔
  만하다. 즉 도에서 나오는 좋은 말은 어떤 보물보다도 고가(高價)라
  는 뜻.

- 존행가이가인(尊行加以加人): '존행(尊行)'은 도에서 나오는 높은 행도. '가이가인(加以加人)'은 남의 위에 얹을 만하다. 도에서 나오는 말은 남이 우러러 존경한다는 뜻.
- 삼공(三公): 천자 아래서 벼슬하는 최고의 관원들.
- 공벽(拱璧): 공(拱)은 아름드리, 벽(璧)은 둥근 큰 구슬.
- 사마(駟馬): 말 네 필이 끄는 수레.
- 이구득(以求得): 구하면 그것을 얻는다는 뜻.
- 야(邪): 야(耶)와 같다.

• 解義 •

이 장은 도(道)의 존귀함을 말하고 있다.

도는 만물을 덮어 보호하여 주는 심오한 존재이다. 그러므로 도는 이것을 체득하여 그 작용을 나타내 쓸 줄 아는 착한 사람에게는 더할 수 없는 보물이 된다. 도를 가지고 이루지 못하는 것은 없기 때문이다.

그러나 도는 착한 사람에게만 귀중한 것은 아니다. 도는 불선한 사람도 보호하여 버리지 않는다. 도는 버리는 사람이 없다, 그러므로 '착한 사람을 나는 선의로 대한다. 착하지 않은 사람도 나는 또한 선의로 대한다(善者吾善之 不善者吾亦善之)'라고 한 것이다. 도는 착하지 않은 사람도 그 심오한 작용으로 감화시킨다.

그러니 만일 도를 값으로 따진다면 어떠한 보물보다도 더 고가(高價)가 된다는 것이다. 가령 여기에 천자가 새로 즉위하고 정부의 고관이 새로 임명되었을 때에 그들에게 경축의 선물로 어떤 사람이 한 아름이나 되는 커다란 둥근 구슬을 가지고 남보다 먼저 네 필 마차를 급히 몰고 달려와서 바치는 일이 있더라도 그것은 가만히 앉아서 그들에게 도를 선물로 바치는 것만 못할 것이다. 도는 어떤 보물보다도 고귀한 것이기 때문이다. 그러기에 옛 사람들은 "도를 가지고 구하면 구하는 것이 얻어지고, 죄가 있어도 도가 있으면 죄를 면할 수 있다"고 하였다. 도의 힘으로 못 이루는 것은 없기 때문이다.

제63장

　무위(無爲)를 하고, 무사(無事)를 일삼으며, 맛없는 것을 맛보고, 작은 것을 크게 여기며, 적은 것을 많게 여기고, 원한은 덕으로 갚으라.

　어려운 일은 그것이 쉬울 때에 처리하고, 큰일은 그것이 미세할 때에 해결하라.

　천하의 어려운 일은 반드시 쉬운 데서부터 일어나고, 천하의 큰일은 반드시 미세한 데서부터 시작된다.

　그런 까닭에 성인은 결코 큰 것을 하려고 하지 않는다. 그런 까닭에 능히 큰 것을 성취하는 것이다.

　대체로 가볍게 승낙하는 것은 반드시 믿음성이 적고, 쉬운 것이 많으면 반드시 어려운 것이 많은 것이다.

그러므로 성인도 오히려 그 쉬운 일을 어렵게 여긴다. 그런 까
닭에 성인은 마침내 어려운 것이 없는 것이다.

·原文·

爲無爲 事無事 味無味 大小多少 報怨以德 圖難於其易 爲大
於其細 天下難事 必作於易 天下大事 必作於細 是以聖人 終
不爲大 故能成其大 夫輕諾必寡信 多易必多難 是以聖人猶難
之 故終無難矣

註解 ─────────────────────────────────

- 무위(無爲): 자연에 순응하고 작위(作爲)하지 않는 정치.
- 무사(無事): 무위(無爲)의 정치를 하기 때문에 할 일이 없는 것.
- 미무미(味無味): 맛없는 것을 맛본다는 말이니, 즉 도를 지킨다는 뜻.
  제35장에서 '道之出口 淡乎其無味(도에서 나오는 말은 담박하여 맛이 없
  다)'고 하였다.
- 대소다소(大小多少): 작은 것을 크게 여기고 적은 것을 많은 것으로
  여긴다는 뜻.

─────────────────────────────────

• 解義 •

이 장은 무위(無爲)의 도로써 하면 하지 못하는 것이 없다는 것을 밝힌 것이다.

아무런 작위도 하지 않고, 따라서 아무런 할 일도 없으며, 담 박하여 아무 맛도 없는 찬물을 맛보는 것 같은 정치는 처음부터 끝까지 그저 멍청하게 있는 정치를 의미하는 것이 아니다.

무위의 정치라는 것은 일의 미세한 조짐을 보고 미리 다스리며, 작을 때에 처리하고, 쉬울 때에 해결을 짓는다. 커지거나, 많아지거나, 어려워지는 사태가 오도록 버려두지 않는다. 오직 미연에 방지한다. 그리고 근본을 다스린다.

그러기에 그 하는 일은 드러나 보이지 않으며, 별로 힘써서 해야 할 일도 없는 것이다. 언제나 고요하고 편안하고 담담할 뿐인 것이다. 큰 제방에 조그마한 구멍이 생겼을 때에 이것을 한 삽의 흙으로 막아 버리면 아무런 일도 없을 것이다. 그러나 그것이 커져서 둑이 무너지는 경우에 이르면 많은 인원의 동원과 막대한 자재(資材)의 제공을 기다려야 비로소 막을 수 있을까 말까 할 것이다. 비록 막을 수 있더라도 피해와 희생을 면치는 못할 것이다. 사람의 병도 마찬가지다. 아예 병에 안 걸리도록 예방하는 것이 좋다. 적어도 병을 아주 초기에 치료한다면 큰일에 이르지는 않을 것이다.

성인의 무위의 정치는 바로 이러한 것이다. 마치 농사를 잘 짓는 농부가 잡초가 우거지기 전에 뽑아 버리며, 작물의 본연의 생장력을 발휘할 수 있도록 미리 그 뿌리에, 아니 그 땅에 일찍 기비(基肥)를 주어 두는 것과 같은 것이다.

세상의 어떠한 큰일도, 어려운 일도 그 시초는 지극히 작고 처리하기 쉬운 일에서부터 나오지 않는 것이 없다. 그러기에 성인도 그 쉽고 작은 시초를 어렵게 여긴다. 그리하여 미연에 다스린다. 그러므로 성인에게는 어려운 일이 없다.

제64장

　편안할 때에 위태한 것을 잊지 않으면 보전(保全)하기가 쉽고,
낌새가 나타나기 전에 미리 대책을 세우면 계획하기가 쉽다.

　취약(脆弱)한 것은 깨뜨리기 쉽고, 미세한 것은 흩어 버리기
쉽다. 그러므로 나타나기 전에 대책을 세우고, 어지럽게 되기 전
에 미리 다스려야 하는 것이다.

　아름드리의 큰 나무도 터럭만한 작은 싹에서 나온 것이고,
구층의 높은 대(臺)도 한줌의 흙을 여러 번 겹쳐서 일으킨 것이
며, 천리의 먼 길을 가는 것도 발밑에서부터 시작한 것이다.

　미연에 방지하고 미세할 때에 대책을 세우면 작위해야 할 일
이 없는 것이다.

　그렇게 하지 못하고 작위해야 하는 자는 실패한다. 그리고 억

지로 잡는 자는 잃어버리는 것이다.

성인은 작위해야 할 일이 없기 때문에 실패하는 일이 없고,
억지로 붙잡는 일이 없기 때문에 잃는 것이 없다.

백성들이 하는 일을 보면 항상 거의 완성하게 되었을 때에 실
패한다. 그것은 실패의 원인을 미연에 방지하지 않고, 일이 완성
에 가깝도록 실패의 원인도 커지게 버려두었기 때문이다. 그리
고 또 끝까지 조심하지 않고 방심하기 때문에 오는 것이다. 종말
을 삼가기를 시초와 같이 한다면 실패하는 일이 없을 것이다.

그런 까닭에 성인은 세상 사람들이 욕심내지 않는 것을 하고
자 한다. 그래서 얻기 어려운 보화(寶貨)를 소중히 여기지 않으
며, 세상 사람들이 배우지 않는 것을 배운다. 그래서 여러 사람
들의 잘못을 도에 복귀시킨다.

그리하여 만물의 자연을 도울 뿐이고 감히 작위하지 않는다.

• 原文 •

其安易持 其未兆易謀 其脆易泮 其微易散 爲之於未有 治之
於未亂 合抱之木 生於毫末 九層之臺 起於累土 天理之行 始
於足下 爲者敗之 執者失之 是以聖人 無爲故無敗 無執故無
失 民之從事 常於幾成而敗之 愼終如始 則無敗事 是以聖人

欲不欲 不貴難得之貨 學不學 復衆人之所過 以輔萬物之自
然 而不敢爲

註解

- 기안이지(其安易持): 그 편안한 것은 보전하기가 쉽다는 말이니, 즉
  아직 편안할 때에 위태한 것을 잊지 않고 대책을 세우면 보전하기
  가 쉽다는 뜻.
- 조(兆): 징조. 낌새.
- 취(脆): 약하다. 연하다. 취약(脆弱)하다.
- 반(半): 풀어지다. 흩어지다.
- 합포지목(合抱之木): 아름드리의 큰 나무.
- 누토(累土): 흙을 거듭거듭 쌓은 것.
- 기성(幾成): 거의 완성하게 된 것.
- 욕불욕(欲不欲): 이 어구에 대한 해석은 여러 설이 있다. 여기에서는
  유개(劉槪)의 설에 좇아, 세상 사람들이 욕심내지 않는 것을 하고자
  한다고 풀이하였다.
- 학불학(學不學): 전항(前項)과 같이 세상 사람들이 배우지 않는 것을
  배운다고 풀이하였다.
- 복중인지소과(復衆人之所過): 이것도 여러 가지 설이 있다. 여기에서
  는 과(過)를 잘못, 복(復)을 도에 복귀한다고 풀이하였다. 즉 여러 사
  람들의 허물을 도에 복귀시켜서 고치게 만든다는 뜻이다.

· 解義 ·

이 장은 앞 장의 뜻을 계속하여 말하고 있다. 그러기에 위원 (魏源)과 같은 사람은 앞의 장과 이 장을 아예 한 장으로 처리하고 있다.

편안할 때에 위태한 것을 생각하면 보전하기가 쉽고, 낌새가 나타나기 전에 미연에 방지하면 대책을 세우기 쉬운 것이다. 취약한 것은 풀어 버리기 쉽고, 미세한 것은 흩어 버리기 쉬운 것이다. 그러기에 아직 나타나기 전에 처리하고, 어지러워지기 전에 다스려야 한다는 것이다. 아름드리 큰 나무도 조그마한 싹에서부터 큰 것이고, 구층의 높은 대(臺)도 적은 흙을 거듭 쌓아서 이루었으며, 천리의 먼 길도 한 걸음에서부터 출발한 것이다.

그러기에 남의 눈에 보이도록 작위함이 있어야 할 경우에 도달하게 된 뒤에는 이미 그것을 하여도 실패한다. 그리고 무리하게 잡아도 그것은 결국 잃고 마는 것이다. 그러므로 성인의 정치는 해야 할 일도 없고, 무리하게 잡아야 할 일도 없다. 따라서 실패하는 일도, 잃어버리는 일도 없는 것이다.

백성들이 하는 일은 실패의 원인을 일찍 제거하지 않기 때문에 항상 일이 거의 완성될 무렵에 실패한다. 그것은 시초를 삼가지 아니하고 실패의 원인이 커지도록 내버려 두고, 또 종말을 조심하지 않기 때문인 것이다. 종말을 삼가기를 시초를 삼가는 것과 같이 한다면 실패하는 일은 없을 것이다.

그런 까닭에 성인은 세상 사람들이 좋아하는 것을 좋아하지 않는다. 그래서 얻기 어려운 진기한 보화를 귀중히 여기지 않는다. 성인은 도를 좋아할 분이다. 세상 사람들이 배우지 않는 것을 성인은 배운다. 세상 사람들은 지혜를 배운다. 지혜는 사람으로 하여금 욕망을 일으키게 하고 욕망은 과실을 초래한다. 성인은 도를 배워 여러 사람들의 허물을 도에 복귀시킨다.

도는 곧 무위자연의 법칙이다. 성인은 만물의 자연을 믿을 뿐 감히 인위적으로 작위하는 일이 없다. 아니, 작위하는 일이 없도록 미연에 또는 미세한 낌새에서 알아 처리한다.

제65장

  고대에 도를 잘 행한 자는 도를 가지고 백성을 분명한 지혜 있는 사람으로 만들지 않고, 그것으로 백성들을 우박(愚朴)하게 만들었다.

  백성을 다스리기 어려운 것은 그들에게 지혜가 많기 때문이다.

  그런 까닭에 지혜를 가지고 나라를 다스리는 것은 나라의 적이다. 지혜를 가지고 나라를 다스리는 일을 하지 않는 것이 나라의 행복이다.

  이 두 가지는 또한 불변의 법칙이라는 것을 알아야 한다. 항상 이 법칙을 아는 것, 그것을 현덕(玄德)이라고 한다.

  현덕은 심원(深遠)하다. 현덕을 지닌 사람은 만물과 더불어 참된 근원에 복귀할 수 있다.

그러한 뒤라야 큰 도의 작용과 일치하는 경지에 도달할 것이다.

•原文•

古之善爲道者 非以明民 將以愚之 民之難治 以其智多 故以智治國 國之賊 不以智治國 國之福 知此兩者亦稽式 常知稽式 是謂元德 元德深矣遠矣 與物反矣 然後乃至大順

註解

- 명민(明民): 백성을 밝은 사람으로 만든다는 뜻. 여기서는 교사(巧詐)한 것을 많이 보아서 그 순박(淳樸)을 잃은 상태를 의미한 것.
- 우지(愚之): 어리석게 만든다는 뜻이나, 여기에서는 참되고 순박한 상태로 만드는 것을 의미한다.
- 다지(多智): 지혜가 많다는 뜻이나, 여기에서는 교사(巧詐)하고 얕은 꾀가 있는 것을 의미한다.
- 계식(稽式): 계(稽)는 같다, 식(式)은 법식이라는 뜻. 고금이 같은, 버릴 수 없는 법식.
- 현덕(玄德): 심원하고 오묘한 덕.
- 여물반의(與物反矣): 여러 가지 주석이 있다. 여기에서는 왕필(王弼)의 설에 좇아, 만물과 함께 참된 근원에 복귀한다고 풀이하였다(反其眞也).

• 대순(大順): 큰 도(大道)의 작용에 순응하는 경지.

• 解義 •

이 장에서는 지혜, 즉 교사(巧詐)한 방법으로 정치를 하면 백성도 교사하게 되어 순박하고 참된 것을 잃어버리게 된다고 가르치고 있다. 그러기에 지혜로써 나라를 다스리는 것은 나라의 손실인 것이다. 그러므로 옛날 도(道)의 정치를 잘 행한 이는 백성을 어리석고 참되게 만들고자 하였을 뿐 지혜 있는 백성을 만들려고 하지 않았다. 그것은 곧 나라를 행복하게 하였던 것이다.

이 두 가지, 즉 교사(巧詐)한 지혜로 나라를 다스리는 것과, 어리석고 참된 것으로 백성을 가르치는 것의 우열(優劣)은 고금이 같은 한 법칙임을 알아야 한다.

항상 이러한 법칙을 아는 것을 현덕(玄德)이라고 한다. 현덕이란 것은 심원한 것이어서 만물과 더불어 참된 근원에 복귀할 수 있는 것이다. 그것이 큰 도에 순응하는 것이다.

제66장

　강과 바다가 능히 모든 계곡의 왕자(王者)가 될 수 있는 까닭은 강이나 바다가 아래에 있기 때문이다. 그런 까닭에 능히 모든 계곡의 왕자가 되는 것이다.

　그런 까닭에 성인이 백성의 위에 있고자 하면 반드시 말함에 있어 스스로 백성의 아래로 내려간다.

　성인이 백성보다 앞에 있고자 하면 반드시 자신을 백성의 뒤에 둔다.

　그런 까닭에 성인이 위에 있어도 백성들은 무거워하지 않고, 앞에 있어도 백성들은 방해된다고 생각하지 않는다.

　그런 까닭에 천하 사람들이 즐겨 추대하고 싫어하지 않는다.

　그는 다투지 않기 때문에 천하가 그와 더불어 다툴 수가 없다.

•原文•

江海所以能爲百谷王者 以其善下之 故能爲百谷王 是以欲上
民 必以言下之 欲先民 必以身後之 是以聖人 處上 而民不重
處前 而民不害 是以天下樂推而不厭 以其不爭故 天下莫能
與之爭.

註解 ─────────────────────

- 백곡왕자(百谷王者): 백곡(百谷)은 모든 골짜기의 냇물, 왕자(王者)는
  천하의 백성들이 돌아가는 곳이므로, 강이나 바다는 모든 계곡의
  물이 돌아가는 곳이라는 뜻이다.
- 선하지(善下之): 그것(계곡)의 아래에 잘 있기 때문이라는 뜻.
- 상민(上民): 백성의 위에 있는 것.
- 선민(先民): 백성들보다 앞서는 것. 먼저 하는 것.
- 추(推): 추대하다.
- 이기불쟁(以其不爭): 성인의 정치는 무위자연(無爲自然)의 도에 따르
  는 것이므로 다투는 일이 없다는 뜻.

─────────────────────

•解義•

이 장에서는, 남의 임금이 된 자는 항상 겸허한 마음으로 자

신을 낮추어 아래에 처하며, 항상 자신을 뒤로 밀고 백성을 먼저 하라는 것을 말하고 있다.

강과 바다는 아래에 있기 때문에 모든 계곡의 물이 거기로 모인다. 임금된 자가 겸허한 태도로 자신을 낮추어 아래에 자처하고, 바다 같은 포용력으로 크고 작고 맑고 흐린 것을 다 즐겨 받아들이며, 항상 백성들의 이익을 앞세우고 자신을 뒤로 밀면 천하의 인심은 바다에 물이 모여 오듯 그에게로 돌아갈 것이다. 그러면 그는 천하의 왕자가 될 수 있을 것이다.

그는 남과 다투지 않기 때문에 천하의 누구도 그와 다툴 수 없을 것이다. 그러기에 그에게 적대(敵對)하는 이는 없을 것이다.

제67장

천하 사람들이 다 말하기를, "나의 도(道)는 크기는 하나 어리
석은 것 같다"고 한다.

그 오직 크기 때문에 어리석은 것 같은 것이다. 만약 현명하
였다면 그것은 세소(細小)하게 된 지가 이미 오래되었을 것이다.

나에게 세 가지 보물이 있어서 그것을 가져 보존한다.

첫째 자애(慈愛),

둘째 검약(儉約),

셋째 감히 천하보다 앞서는 일을 하지 않는 것이다.

자애하기 때문에 용감할 수 있다. 자애하면 군사들의 힘을 집
중시킬 수 있기 때문이다.

검약하기 때문에 능히 널리 베풀어 쓸 수 있다. 검약하면 축

적(蓄積)함이 있기 때문이다.

감히 천하보다 앞서는 일을 하지 않기 때문에 능히 천하의 훌륭한 그릇을 이루어 남의 우두머리가 될 수 있다. 천하를 먼저 위하고 자신을 뒤로 돌리면 천하의 인심이 그에게로 돌아가기 때문이다.

그런데 지금 세상에서는 자애를 버리고 용기만을 취하려 하고, 검약한 것을 버리고 널리 쓰려고만 하며, 남의 뒤에 서는 일을 버리고 앞에만 서려고 한다.

이런 것을 죽음의 문에 들어가는 일이라고 한다.

자애를 가지고 싸우면 승리하고, 자애를 가지고 지키면 견고하다.

하늘이 장차 그를 구제하고자 할 때에는 자애를 가지고 그를 호위(護衛)하는 것이다.

· 原文 ·

天下皆謂我道大似不肖 夫唯大故似不肖 若肖 久其細也夫 我有三寶 持而保之 一曰慈 二曰儉 三曰不敢爲天下先 慈故能勇儉故能廣 不敢爲天下先故能成器長 今舍慈且勇 舍儉且廣 舍後且先 是謂入死之門 慈以戰則勝 以守則固 天將救之 以慈衛之

- 불초(不肖): 못나다. 어리석다. 현명하지 않다는 뜻.
- 구의기세(久矣其細): '其細久矣'와 같은 말이니 그 세소(細小)하게 됨
  이 이미 오래되었을 것이라는 뜻.
- 광(廣): 광시(廣施)와 같은 뜻이니, 널리 베풀어 쓰는 것.
- 기장(器長): 기(器)는 그릇이니, 쓸모있는 기물 즉 인재를 뜻하고, 장
  (長)은 우두머리, 관장(官長)을 의미한 것.
- 사(舍): 사(捨)와 같으니 버린다는 뜻.
- 차(且): 취한다는 뜻〔猶取也〕.
- 자이전즉승(慈以戰則勝): 자애를 가지고 싸우면 이긴다. 즉 자애를
  가지면 장수와 군사들, 그리고 군사들이 서로를 불쌍히 여겨 어려
  운 것을 피하려고 하지 않기 때문에 이긴다는 뜻. '相愍而不避於難
  故勝也'(王弼)

• 解義 •

이 장에서는 노자의 삼보(三寶), 즉 세 가지 보물을 설명하고
있다. 그것은 자애(慈愛), 검약(儉約) 그리고 천하 사람들보다 자
신을 앞세우는 일을 하지 않는 것이다.

세상 사람들은 노자의 도를 '크기는 하나 어리석은 것 같다'
고 말하고 있다. 그러나 노자의 도가 뚜렷이 정확하게 파악할

수도 없고, 그 말은 이렇게도 저렇게도 해석될 수 있으며, 당장 세상일에 적용될 수도 없는 것 같은, 어딘가 흐리멍덩하고 어리석은 것 같다고 하는 그 점이 바로 노자의 도가 위대한 존재가 되게 하는 것이다. 만일 그것이 누구에게나 당장 분명히 이해될 수 있고, 세상일에 응용하여 당장에 눈에 보이는 효과를 거둘 수 있는, 이른바 현명한 것이라면, 그것은 벌써 한 개의 조그마한 견해 내지 학설로서 그 뉘앙스는 엷어지고 흐려졌을 것이 틀림없다. 이천 수백 년 뒤의 우리들이 그것을 읽고 연구하는 일은 없을 것이다. 크기 때문에 어리석다고 한 노자의 말은 음미할 가치가 있는 것이다.

노자는 스스로 자신의 도가 어리석은 것 같지만 삼보가 있다는 것을 말하고, 삼보의 공효와, 세상에서 삼보를 경시하기 때문에 파탄을 일으키는 것을 설명하였다. 그리고 그중에서도 자애는 가장 중요한 것이므로 특히 역설하였다. 그것은 하늘이 사람을 구제할 때에도 자애를 가지고 그를 호위한다고 결론하여, 자애를 보화로 하는 것이 하늘의 도와 일치하는 것임을 밝히고 있다.

제68장

훌륭한 전사(戰士)는 무용(武勇)을 부리지 않고, 싸움을 잘 하는 자는 성내지 않으며, 적에게 가장 잘 승리하는 자는 적과 대전(對戰)하지 않고, 사람을 잘 쓸 줄 아는 사람은 그 사람 앞에 몸을 낮춘다.

이것을 다투지 않는 덕이라고 하고, 이것을 남의 힘을 쓰는 길이라고 한다. 이것을 하늘의 지고(至高)한 법칙에 일치하는 것이라고 한다.

• 原文 •

善爲士者不武 善戰者不怒 善勝敵者不與 善用人者爲之下 是
謂不爭之德 是謂用人之力 是謂配天古之極

- 사(士): 여기에서는 군사의 지휘자. 전사(戰士)를 가리킨 것. '士卒之帥也'
- 무(武): 무용을 부린다는 뜻. 왕필(王弼)은 무(武)라는 것은 앞을 다투어 나가서 적을 무찌르는 것. '武 尙先陵人也'라고 하였다.
- 불여(不與): 더불어 싸우지 않는다는 뜻. 즉 대전(對戰)하지 않는 것.
- 배천지극(配天之極): 원서에는 '配天古之極'으로 되어 있으나 유월(兪樾)의 설에 좇아 '고(古)'자는 글자가 잘못 들어간 것으로 보고 삭제한다. 극(極)은 지고(至高)라는 뜻이고, 배(配)는 짝한다, 필적(匹敵)하다는 뜻이므로, 결국 지고한 하늘의 법칙에 일치한다고 풀이된다.

• 解義 •

이 장은 앞 장에 계속하여 자애와 겸허의 존귀함을 설명한 것으로 보인다.

앞장에서 자애를 가지고 싸우면 승리하고, 자애를 가지고 지키면 견고하다고 하였다.

자애와는 정반대의 사태인 전쟁에 있어서도 자애는 소중하다는 것을 예거(例擧)하여 자애의 위대함을 부각시킨 것이다.

훌륭한 장수는 앞을 다투어 적을 먼저 공격하는 무용을 부리지 않는다. 남에게 먼저 전쟁을 도발하지 않기 때문이다. 싸움을 잘하는 장수는 성내지 않는다. 싸움은 부득이 저쪽의 도전에 응전하지 않을 수 없을 때만 할 뿐이다. 강한 것을 뽐내고 분노를 폭발시키지 않는다. 어쩔 수 없이 전쟁을 하게 되더라도 항상 전쟁 때문에 희생되는 자들은 슬퍼하고 불쌍하게 여긴다. 그렇듯 전쟁에 몸을 바치는 자를 불쌍히 여기고 슬퍼하는 마음이 바로 자애인 것이다. 자애로써 싸우니, 우리의 군사는 힘을 다하여 장수를 중심으로 단결하게 되므로 도리어 승리하는 것이고, 적병도 자애한 마음으로 슬프게 여겨 주는 상대편에게 적개심을 폭발하지는 않을 것이다. 결국 자애는 싸움에서도 승리하게 한다는 것이다.

주(周)나라 무왕(武王)의 군사가 은(殷)나라 주왕(紂王)의 군사를 공격할 때, 은나라의 군사들은 창을 거꾸로 잡고 나왔다고 한다. 그러므로 최선의 승리는 싸움하지 않고 이기는 일이다. 손자(孫子)는, "백 번 싸워 백 번 이기는 것이 최선이 아니고, 싸우지 않고 적을 굴복시키는 것이 가장 잘 싸우는 것이다"고 하였다. 그리고 겸허하여 자신을 남 앞에 낮추는 것은 실은 남을 가장 잘 부리는 방법이 되는 것이라고 하였다. 즉 남의 힘을 나의 힘으로 사용할 수 있는 길이라는 것이다. 남을 사용하는 데에 있어서 자신을 낮추어 남의 힘을 충분히 높일 줄 안다는 것은 남과 다투지 않는다는 것이 된다. 남과 다투지 않는다면 남으로 하여금 자기와 다투지 않게 만드는 것이 된다. 그리하여 비로소 자신을 위하여 남의 힘을 충분히 발휘하게 만들 수 있는 것이다.

이러한 자애하고, 남에게 앞서려고 하지 않는 겸허한 덕이 바로 하늘의 지고(至高)한 법칙과 일치한다는 것이다. 하늘의 도는 언제나 자애하여 만물을 안아 기르면서도 자신을 높은 체 내세우지는 않는다. 하늘의 도에 감히 이기거나 앞서는 것은 없다.

제69장

용병(用兵)에 대한 금언(金言)에,

"나는 감히 전쟁의 주동자가 되지 않고 피동자(被動者)가 된다. 감히 한 치도 전진하지 않고 도리어 한 자씩 후퇴한다"는 말이 있다.

이것은 행진(行陣)을 하지만 행진이 없는 것과 같고, 휘둘러도 팔이 없는 것과 같고, 나아가 공격하여도 적이 없는 것과 같고, 무기를 잡아도 잡지 않은 것과 같은 것이다.

적을 경시(輕視)하는 데서 오는 것보다 더 큰 화(禍)는 없다. 적을 경시하면 거의 나의 보물인 삼보(三寶)를 상실하게 될 것이다.

그런 까닭에 군사를 일으켜 서로 결전(決戰)하게 된 때에는 슬피 여기는 자가 이기는 것이다.

•原文•

用兵有言 吾不敢爲主而爲客 不敢進寸而退尺 是謂行無行 攘
無臂 扔無敵 執無兵 禍莫大於輕敵 輕敵幾喪吾寶 故抗兵相
加 哀者勝矣

註解 ──────────────────────────

- 주(主): 여기에서는 주동자, 즉 전쟁을 먼저 도발하는 자라는 뜻.
- 해(害): 여기에서는 전쟁의 응전자, 피도발자(被挑發者)라는 뜻.
- 행(行): 행진(行進).
- 행무행(行無行): 싸움하기를 원치 않기 때문에 행진(行陣)하기는 하여도 행진이 없는 것과 같다는 뜻. 오증(吳證)의 설.
- 잉(扔): 끌어당긴다는 뜻이나, 여기에서는 공격한다는 뜻.
- 병(兵): (執無兵의) 무기.
- 보(寶): 삼보(三寶), 즉 자애 검약, 남보다 앞서지 않는 일을 가리킨 것 같다.
- 항병(抗兵): 거병(擧兵)과 같은 말이니 군사를 동원하는 것.
- 상가(相加): 서로 대전하는 것.

──────────────────────────

•解義•

이 장도 제67장과 68장에 계속하여 자애와 남보다 앞에 나서지 않는 겸허가 소중하다는 것을 전쟁의 경우를 들어 설명한 것으로 생각된다. 노자의 본뜻이 전쟁을 잘하는 방법을 가르치고자 하는 데에 있는 것이 아니라고 청나라의 위원(魏源)은 『노자본의(老子本義)』에서 역설하고 있다.

가령 용병(用兵)의 경우를 생각하여 보더라도 자애와 남보다 앞에 나서지 않는 것은 결국 승리를 가져오는 길이 되는 것이다.

옛날 용병가(用兵家)의 말에 이런 것이 있다.

"나는 감히 전쟁의 주동자가 되지 않는다. 피동자가 될 뿐이다. 감히 한 치(一寸)도 전진하지 않고, 도리어 한 자(一尺)씩 후퇴한다."

이 말은 전쟁을 하기 때문에 상하고 죽은 많은 사람들, 집을 잃고 재산을 잃은 사람들을 슬프게 여기기 때문에, 즉 전쟁을 어렵게 생각하기 때문에 남에게 먼저 도전하지 않는다는 것이다. 전쟁이란 언제나 먼저 도전하는 쪽에 침략적인 사고(思考)가 있는 것이다. 침략심이란 이미 남을 경시하는 마음이며, 또 정당한 명분이 될 수 없는 것이다. 전쟁에 있어서 적을 경시하는 교만심과 정당한 명분을 갖지 못한 침략 행위는 전쟁에서 패배하게 되는 원인이 되는 것이다. 그러기에 손자병법은 군사가 교만하면 패망한다고 하였고, 전쟁에 있어서 가장 중요한 조건으로

'첫째는 도〔一曰道〕'라고 하였다. 첫째 도라는 것은 그렇게 하는
것이 옳다고 하는 신념이 온 국민의 마음에 일치하게 되는 전쟁
의 정당성이다. 전쟁하지 않을 수 없다고 하는 타당성인 것이다.

그러므로 전쟁에서는 도발자가 되지 않고 응전하는 편이 된
다. 전쟁을 원하는 편이 되지 않고 부득이 저 편의 침략에 대응
하지 않을 수 없는 편이 된다는 것이다. 그러기에 싸우기 위한
전진보다는 싸움을 피하는 후퇴를 더 소중히 여긴다는 것이다.
그러니 행진(行陣)은 하여도 안하는 것이나 같고, 강한 체 팔을
걷어붙이는 일이 없으며, 적을 끌어들여 싸움을 거는 일이 없
고, 무기를 잡았으나 안 잡은 거나 마찬가지라는 것이다.

적을 가볍게 여겨 먼저 도전하고 나서며, 전쟁의 참화를 슬프
게 여기지 않는다면 그보다 더 큰 화난(禍難)의 원인은 없을 것
이다.

적을 경시하고 참담한 전쟁을 도발하는 것은 자애를 버리는
것이 되고, 천하보다 감히 앞에 나서는 것이 되고, 또 전쟁으로
막대한 소비를 가져올 것이니, 그것은 바로 노자의 삼보(三寶),
즉 자애, 검약, 그리고 천하에 앞장서지 않는 일을 모두 상실하
게 되는 것이다. 삼보를 잃는 것보다 더 큰 재화(災禍)는 없는 것
이다.

그런 까닭에 만부득이해서 군사를 동원하여 서로 결전을 감행하게 되었을 때에는 군사와 백성의 희생을 진심으로 슬프게 여길 줄 아는 자가 승리하게 되는 것이다. 슬프게 여김은 자애하는 마음이다. 자애하는 마음의 앞에는 군사도 백성들도 그들의 마음과 몸을 아끼지 않기 때문이다.

제70장

　나의 말은 매우 알기 쉽고 또 매우 실행하기 쉽다. 그렇건마는 천하의 사람들은 이것을 능히 알지 못하며, 능히 실행하지도 못한다.

　나의 말에는 만물의 으뜸 될 것이 있고, 일에는 만물의 주(主)될 것이 있다. 그러나 다만 누구도 알지 못한다, 그러므로 나를 알지 못한다.

　내가 말하는 도덕을 아는 자는 드물다. 나의 도덕을 본받는 자는 존귀하다.

　그런 까닭에 성인은 남루한 굵은 베옷을 입고, 가슴에는 보배로운 옥(玉)을 품은 것처럼 훌륭한 도덕을 가슴에 품었건마는 겉보기에는 어리석은 듯하여 알아보기 어려운 것이다.

吾言甚易知 甚易行 天下莫能知 莫能行 言有宗 事有君 夫唯
無知 是以不我知 知我者希 則我者貴 是以聖人被褐懷玉

註解

- 군(君): 종(宗)이나 군(君)이나 다 으뜸 또는 주(主)와 같은 뜻.
- 희(希): 희(稀)와 같으니 드물다는 뜻.
- 칙(則): 본받다. 법칙으로 하다.
- 피갈회옥(被褐懷玉): 갈(褐)은 굵은 베옷. 남루한 베옷을 입고 품에는
  보옥(寶玉)을 품은 것. 즉 성인의 가슴에 훌륭한 도덕을 안고 있으나
  겉으로는 어리석어 보인다는 뜻.

· 解義 ·

이 장은 노자가 세상 사람들이 자신의 도(道)를 알지 못하는
것을 탄식한 것이다. 노자는 이렇게 말하고 있다.

"나의 말은 매우 알기 쉬우며, 또 실행하기도 매우 쉽다. 나의
말은 유약(柔弱)하고, 겸허하고, 자연스럽기를 가르친다. 그러므
로 알기도 쉽고, 또 작위하지 않기 때문에 실천하기도 쉬운 것
이건마는 세상 사람들이 알지 못한다.

나의 말과 일에는 근본이 있고 주지(主旨)가 있다. 세상 사람들은 그 사물의 근원을 알려고 하지 않고, 다만 겉핥기로 나의 도는 어리석다고 생각한다. 그들이 도(道)라는 근본을 알지 못하기 때문에 나의 말을 알지 못한다. 그러므로 나를 알지 못한다. 나의 도를 아는 자는 드물다. 만일 나를 본받는 자가 있다면 그 사람은 존귀한 사람인 것이다. 그것은 마치 겉에 남루한 누더기를 입고 가슴에 옥을 안고 있는 자를 남이 알지 못하는 것처럼, 도를 가슴에 안고 있는 성인을 세상 사람들은 알지 못한다."

제71장

알면서 알지 못한다고 하는 것이 상덕(上德)이다.

알지 못하면서 안다고 하는 것은 병이다.

병(病)을 병으로 알아야 한다. 그래야만 병이 되지 않는다.

성인은 병 됨이 없다. 그것은 병을 병으로 알기 때문이다. 그러므로 병 되지 않는 것이다.

• 原文 •

知不知上 不知知病 夫唯病病 是以不病 聖人不病 以其病病
是以不病

- 병(病): 결점. 병폐.

•解義•

이 장에서는 노자가 세상 사람들이 알지도 못하면서 아는 체하는 것을 경계하고 있다.

세상 사람들은 알지 못하면서 모두들 아는 체한다. 모르는 것을 모른다고 하는 것이 정상적이라면 모르는 것을 아는 체하는 것은 비정상적인 것이다. 비정상은 이미 병인 것이다. 그러고도 그것이 병인 줄을 알지 못한다. 오히려 그것이 정상적인 것처럼 생각한다. 그러므로 병은 더욱 깊어진다.

성인은 그러한 병에는 걸리지 않는다. 병을 병인 줄 알기 때문에 미리 스스로 경계하여 병에 걸리지 않도록 한다. 그러한 병에 걸리지 않을 뿐 아니라 아는 것도 아는 체하지 않는다. 그것이야말로 상덕(上德)이 아니고는 불가능한 것이다.

세상 사람들이 모두 상덕이기를 강요한 것은 아니다. 단지 모르는 것을 아는 체하는 것이 병인 줄 알아야 하고, 그러한 병에 걸리지 않도록 노력하기를 경고한 것이라고 생각된다.

제72장

백성들이 두려워할 것을 두려워하지 않으면 곧 큰 두려움이 닥쳐올 것이다. 사람은 자기에게 주어진 환경과 삶에 자연스럽게 순응하여 편안하게 여길 줄 알아야 한다. 부자연하게 욕망을 추구하는 것 같은 행동은 두려워해야 할 일이다.

자기의 환경을 좁다고 생각하지 말며 자기의 삶을 싫어하지 말라.

오직 자기에게 주어진 환경이 어떤 것이든 간에 자연스럽게 순응하고 싫어하지 말아야 그 삶이 싫어지지 않을 것이다.

그런 까닭에 성인은 스스로 아는 것으로 자족(自足)할 뿐 그 것을 나타내어서 스스로 과대(誇大)하게 보이려고 하지 않으며, 또 스스로 사랑하지만 스스로 존귀하게 되기 위하여 부자연하게 욕구하지 않는다.

그런 까닭에 좁게 여기거나 싫어하는 일을 버리고, 스스로 편
안해 할 줄 아는 자연스러움을 택한다.

•原文•

民不畏威 則大威至 無押其所居 無厭其所生 夫唯不厭 是以
不厭 是以聖人自知不自見 自愛不自貴 故去彼取此

註解

- 외위(畏威): 외(畏)와 위(威)는 옛날에는 통용(通用)하는 글자로 둘 다
  두려워한다는 뜻이니, 외위(畏威)는 두려워할 것을 두려워한다는 뜻.
- 협(狹): 좁게 여기다. 불만스럽게 생각한다는 뜻.
- 거(居): 환경이니, 빈부(貧富)·귀천(貴賤)·궁통(窮通)과 같은 것.
- 생(生): 자신의 생활에서 당하고 있는 상태를 의미하는 것으로서 노
  고(勞苦)와 안일(安逸), 영화(榮華)와 곤욕(困辱)같은 것을 가리킨다.
- 불자현(不自見): 현(見)은 나타낸다는 뜻이니, 스스로 자신을 과시(誇
  視)하지 않는 것.

·解義·

사람들이 크게 두려운 일에 직면하게 되는 것은 대체로 평소에 두려워해야 할 일을 두려워하지 않기 때문이다.

평소에 두려워해야 할 일이라는 것은 욕망의 노예가 되어서 만족할 줄 모르는 데에 있는 것이다. 자기의 환경을 좁게 여기기 때문이다. 더 부유하고 싶고, 귀하게 되고 싶고, 더 제 마음대로 활개를 치고 싶은 욕망 때문에, 있는 곳이 좁다고 항상 불만스럽게 여기는 것이다. 그러나 그러한 자제(自制)할 줄 모르는 욕구 불만은 장차 자신의 생을 싫어지게 만들고 결국에는 커다란 불행을 가져오게 한다. 그러니 오직 주어진 환경에 자연스럽게 순응할 줄 알아야 한다. 그래야만 자신의 환경이 좁다고 여겨지지 않으며, 따라서 자신의 삶이 싫어지지도 않을 것이다. 만족할 줄 알면 항상 넉넉한 것이다.

성인은 알면서도 그것을 드러내려고 하지 않는다. 스스로를 사랑하지만 자신을 귀한 것으로 만들려고 노력하지도 않는다. 오직 자연스러울 뿐이다. 세상 사람들도 성인의 이러한 자연스러운 삶의 길을 배워야 한다는 것이다.

제73장

형정(刑政)의 시행에 있어서 감행하는 데 용기 있는 자는—
죄인을—죽이고, 감행하지 않는 데 용기 있는 자는—죄인
을—살린다.

이 두 가지 행동에 이로운 것도 있고 해로운 것도 있다.

어떤 자를 살려야 할 것인지, 어떤 자를 죽여야 할 것인지, 하
늘이 미워하는 자가 누구인지, 누가 그것을 알 수 있겠는가.

그런 까닭에 죽이고 살리는 일은 성인도 오히려 어렵게 여긴
다. 하물며 성인 아닌 범인은……

하늘의 도는 다투지 않아도 승리하고, 말하지 않아도 잘 응
대(應對)함이 있으며, 부르지 않아도 저절로 오고, 태연하게 있건
마는 잘 모계(謀計)한다. 하늘의 그물은 넓고 크건마는 성긴 듯

하면서도 죄 있는 자를 결코 놓치지 않는다.

그러므로 정치는 오직 천도(天道)의 자연에 순응하기를 배워
야 할 것이다.

• 原文 •

勇於敢則殺 勇於不敢則活 此兩者或利或害 天之所惡 孰知
其故 是以聖人猶難之 天之道 不爭而善勝 不言而善應 不召
而自來 繟然而善謀 天網恢恢 疏而不失

註解

- 감(敢) : 감행하는 것.
- 소오(所惡) : 미워하는 것.
- 회회(恢恢) : 넓고 큰 모양.
- 소(疏) : 소(疎)와 같으니 성기다는 뜻. 촘촘하지 않은 것.

• 解義 •

이 장에서는 세상의 군주된 자가 형정(刑政)을 시행하여 정치
를 행하려고 하는 것은 잘못된 생각이란 것을 말하고 있다. 어

느 사람을 정말 죽여야 하고, 어느 사람을 살려야 할 사람인지 하늘의 뜻은 알 수 없다. 성인(聖人)도 그것을 알기는 어려운 일이다. 더구나 범인이 어찌 형벌을 정당하게 펼 수 있겠는가. 오직 하늘의 도(道)에 좇아 무위자연의 정치를 한다면 하늘의 도는 자연스럽고 작위(作爲)하는 것이 없으나 못하는 것이 없으며, 하늘의 그물은 넓고 큰 것 같지만 어떠한 죄도 놓치지 않는다고 한 것이다.

제74장

백성들이 죽는 것을 두려워하지 않는다면 죽이는 것으로 어떻게 백성들을 겁내게 할 수 있겠는가.

만약 백성들로 하여금 죽는 것을 항상 두려워하게 해 놓고 나쁜 일하는 자를 잡아다가 죽인다면 누가 감히 나쁜 일을 하겠는가.

그러나 사람을 죽이는 것은 항상 죽이는 일을 맡은 자, 즉 하늘이 하는 것이다.

그런데 죽이는 일을 맡은 자, 즉 하늘을 대신하여 죽인다는 것은 마치 대목[大匠]을 대신하여 나무를 찍는 것과 같은 것이다. 그 대목을 대신하여 나무를 찍는 자 중에는 자기 손을 다치지 않는 자가 드물다.

•原文•

民不畏死 奈何以死懼之 若使民常畏死 而爲奇者 吾得執而殺
之 孰敢矣 常有司殺者殺 夫代司殺者殺 是謂代大匠斲 夫代
大匠斲 者 希有不傷其手矣

註解

- 기(奇): 괴이한 일. 사악(邪惡)한 일을 의미한다.
- 숙감의(孰敢矣): 누가 감히 사악한 일을 하겠는가, 라는 뜻.
- 사살자(司殺者): 죽이는 일을 맡은 자, 즉 하늘을 가리킨 것.
- 대장(大匠): 대목. 목수.
- 착(斲): 찍는다. 벤다.
- 희(希): 희(稀)와 같다. 드물다는 뜻.

•解義•

이 장은 앞 장에 계속하여, 형정(刑政)으로써 천하를 잘 다스
릴 수는 없다는 것을 말하고 있다.

백성들이 죽는 것을 두려워할 줄 안다면, 사악(邪惡)한 자를
임금이 잡아다가 죽이면 누구도 감히 다시는 사악한 짓을 하지
않을 것이다. 그러나 백성들이 욕심의 노예가 되고, 이에 얽매여

서 죽는 것을 두려워할 줄 모른다면, 죽이는 것으로 어떻게 백성들을 제어(制御)할 수 있겠는가. 임금이 형벌로 나라를 다스린다는 것은 될 수 없는 일이다.

사람을 죽이는 일은 죽이는 것을 맡은 하늘이 할 일이다. 사람이 하늘을 대신하여 죽인다는 것은 대목을 대신하여 대목 아닌 자가 나무를 찍는 것처럼 자신을 손상할 뿐이라는 것이다.

제75장

　백성의 굶주림은 그 위에 있는 군주가 세(稅)를 받아먹는 것이 많기 때문이다. 그런 까닭에 굶주리는 것이다.

　백성을 다스리기 어려운 것은 그 위에 있는 군주가 작위함이 있기 때문이다. 그런 까닭에 다스리기 어려운 것이다.

　백성들이 가볍게 죽어 가는 것은 군주가 삶을 추구하는 것이 너무 지나치기 때문이다. 그런 까닭에 백성들이 가볍게 죽어 가는 것이다.

　그 오직 사는 것을 위하여 작위하는 일이 없는 자는 그 삶을 소중히 여기는 자보다 더 현명한 자이다.

·原文·

民之饑 以其上食稅之多 是以饑 民之難治 以其上之有爲 是
以難治 民之輕死 以其上求生之厚 是以輕死 夫唯無以生爲
者 是賢於貴生

註解

- 상(上): 위에 있는 사람, 즉 군주(君主)를 의미한다.
- 무이생위(無以生爲): 삶을 위하여 인위적으로 작위(作爲)함이 없는 것.
- 귀생(貴生): 삶을 귀하게 여긴다. 소중하게 여긴다.

·解義·

이 장에서는, 정치가 잘못되는 것은 군주된 자가 욕구에 얽매
여 있기 때문이란 것을 말하고 있다.

백성이 굶주리는 것은 위에 있는 군주가 자신의 사사로운 욕
구를 위하여 세(稅)를 많이 받기 때문이고, 백성을 다스리기가
어렵다는 것은 군주가 자연의 도에 순응하여 백성들이 저절로
제각기의 삶을 즐기도록 하지 않고 인위적으로 작위하여 번거
롭게 간섭하기 때문에 다스리기가 어렵다는 것이다. 인위적으

로 작위하려면 모든 백성들의 행위와 생활을 하나하나 규율하여야 하기 때문이다.

백성들이 법망(法網)에 걸려 소중한 생명을 너무나 가볍고 허술하게 버리는 것은 자신의 삶에 대한 군주(君主)의 욕구가 지나치기 때문이다. 위에 있는 군주가 자신의 삶에 지나친 욕구를 가졌기 때문에 백성들도 자신의 삶을 지나치게 욕구하게 되는 것이다. 삶에 대한 욕구에 만족할 줄 모르기 때문에 마침내는 군주도 백성들도 도리어 삶을 유지할 수 없게 된다. 백성의 삶이 없이 군주의 삶이 있을 수 없는 것이다. 그러니 삶을 위하여 아무런 작위도 하지 않는 자가 도리어 삶을 몹시 소중히 여기는 자보다 사는 일에 있어서 더 현명하다고 말할 수 있다는 것이다.

제76장

 사람이 살았을 때는 부드럽고 연하지만 죽으면 굳고 강하다.

 초목도 살았을 때에는 부드럽고 연하지만 죽으면 말라서 야
물다.

 그런 까닭에 굳고 강한 것은 죽음의 속성(屬性)이고, 부드럽고
약한 것은 삶의 속성이다.

 그런 까닭에 군사가 교만해지면 멸망하고, 나무가 강하면 꺾
여진다.

 강대(强大)한 것은 아래에 있고, 유약(柔弱)한 것은 위에 있다.

•原文•

人之生也柔弱 其死也堅強 萬物草木之生也柔脆 其死也枯槁

故堅强者 死之徒 柔弱者生之徒 是以兵强則滅 木强則折 强
大處下 柔弱處上

• 解義 •

이 장에서는 유약한 것이 강강(剛强)한 것보다 낫다는 것을
말하고 있다.

유약한 것은 생(生)의 상징, 강강한 것은 사(死)의 상징이다. 또
부드러운 하늘은 위에 있고 단단한 땅은 아래에 있다. 단단한
지꺼기는 밑에 침전하고, 가벼운 기체는 위로 상승한다. 유약한
것은 강강한 것의 위에 있게 마련이다. 노자는 유약한 것을 항
상 찬양한다.

다음에 나오는 두 장에서 계속하여 유약과 강강의 득실(得失)
을 거듭 부연하고 있다.

제77장

하늘의 도는 활을 메우는 것과 같다. 높은 것은 누르고 낮은 것을 올리며, 남음이 있는 것을 덜어서 부족한 것을 보충한다 (활을 메울 때 활대의 위쪽은 누르고 아래쪽은 올린다. 길다란 활대를 굽혀 짧은 활줄을 돕는다).

하늘의 도는 이렇게 남음이 있는 것을 덜어서 부족한 것에 보충하는 것인데, 세상 사람들이 하는 일은 부족한 자의 것을 덜어서 남음이 있는 자를 받들고 있구나.

누가 능히 남음이 있어서 천하를 받들어 줄 수 있겠는가.

오직 도(道)를 지닌 자만이 그렇게 할 수 있다.

그런 까닭에 성인은 자신이 해 놓고도 자랑하지 않으며, 공을 이루고도 자기의 공이라고 자처하지 않는다.

그는 자기의 현명함을 나타내고자 하지 않는다(이것은 자신의
유여(有餘)한 것을 덜어서 남의 부족한 것에 보충하는 것이다).

•原文•

天之道 其猶張弓與 高者抑之 下者擧之 有餘者損之 不足者
補之 天之道 損有餘而補不足 人之道則不然 損不足以奉有餘
孰能有餘 以奉天下 唯有道者 是以聖人爲而不恃 功成而不
處 其不欲見賢

註解 ────────────────────────────

• 여(與): 여(歟)와 같으니 의문사(疑問詞)이다.
• 불욕견현(不欲見賢): 자신의 현명함을 나타내려 하지 않는다는 뜻.

────────────────────────────

•解義•

　이 장은 앞 장의 유약한 것과 강강한 것의 관계를 거듭 말한
것이다.
　하늘의 도는 높은 것을 누르고 낮은 것을 추켜올리며, 남음
이 있는 자의 것을 덜어서 부족한 자를 보충한다. 그것은 마치

활을 메우는 것과 같은 것이다. 차(盈)면 기울고 이지러지면 다시 찬다. 추위가 극도에 이르면 따뜻한 봄이 오고, 뜨거운 여름이 지나면 서늘한 가을이 온다. 그러나 사람의 일은 그렇지 않다. 부족하고 가난한 백성의 것을 덜어다가 도리어 남음이 있는 군주를 봉양한다. 이러한 사람의 세상에서 자신의 남음을 덜어서 천하 사람들을 봉족(奉足)할 자가 누구인가. 그것은 오직 성인만이 할 수 있는 것이다. 성인의 덕은 겸허하여 자신의 한 일을 자랑하지 않고 자신의 착한 것을 숨긴 채 오직 천하를 유익하게 할 뿐이다.

제78장

천하에 물보다 더 부드럽고 약한 것은 없다.

그러나 굳고 강한 것을 공격하는 데는 능히 물보다 나은 것이 없다. 어떤 것도 물과 바꿀 만한 것이 없다.

약한 것—물—이 강한 것을 이기고, 부드러운 것이 모진 것을 이기는 것을 천하에 모르는 사람은 없다. 그렇지만 능히 자신에게 옮겨서 실행하지는 못한다.

그런 까닭에 성인은 이렇게 말하였다.

"나라의 온갖 구욕(垢辱)을 자신에게 받아들여 용납하는 자를 사직(社稷)의 주인이라 하고, 나라의 온갖 상서롭지 않은 일을 자신에게 받아들여 참는 자를 천하의 왕자(王者)라고 한다."

바른 말은 세속의 사정과는 어긋나는 것 같은 것이다.

•原文•

天下莫柔弱於水 而攻堅强者 莫之能勝 以其無以易之 弱之
勝强 柔之勝剛 天下莫不知 莫能行 是以聖人云 受國之垢 是
謂社稷主 受國不祥 是謂天下王 正言若反

註解 ————————————————————

- 구(垢): 구욕(垢辱). 더러움과 욕되는 것.
- 사직주(社稷主): 사직의 주인, 즉 임금.
- 정언약반(正言若反): 도(道)에 맞는 바른 말은 세속적인 상식과는 반
  대되는 것 같다는 뜻.

•解義•

　이 장은 구체적인 예로서 부드럽고 약한 것이 모질고 강한 것
을 이긴다는 것을 물을 들어 설명한다.

　물보다 더 부드럽고 약한 것은 없으나 굳세고 모진 바위와 돌
을 마멸(磨滅)시키는 데에 물보다 더 유력한 것은 없다.

　이러한 원리는 천하 사람들 누구나가 다 알고 있다. 그러나
그 원리를 자신의 생활 속에 도입하여 실천하지는 못한다.

그런 속에서 능히 겸허하고 스스로 낮추어서, 천하의 더럽고 욕되는 일과 나라의 상서롭지 않은 일까지도 모두 자신에게 받아들여 참고 견딜 수 있는 인물이 있다면 그는 천하의 왕자가 될 수 있다는 것이다. 그것은 강과 바다가 겸허하게 낮은 데에 있으면서 온갖 더러운 것도, 흐린 물도 다 받아들여서 포용하나 스스로 더럽혀지지 않고 능히 모든 물의 왕자(王者)가 됨과 같은 것이다. 아래에 처하고 모든 욕된 것을 능히 포용할 수 있는 자가 실은 가장 존귀하고 강한 것이란 말은 세상 사람들의 상식과는 반대인 것 같다.

제79장

큰 원한(怨恨)은 구차하게 화해하여도 반드시 마음속에는 남은 원한이 있는 것이다. 그것이 어찌 선이 될 수 있겠는가. 그런 까닭에 성인은 좌계(左契)를 갖는다. 그리하여 와서 요구하는 자에게는 다 준다. 그리고 남을 책망하지 않는다. 처음부터 원한이 생기지 않게 한다.

덕이 있는 자는 남에게 물건을 내주는 좌계(左契)를 맡은 사람처럼 남에게 주는 일을 하고, 덕이 없는 자는 철(徹), 즉 세금을 맡은 사람처럼 남에게서 받는 일을 한다.

하늘의 도(道)는 사사로운 친애가 없고 항상 선인(善人)의 편에 있다.

•原文•

和大怨必有餘怨 安可以爲善 是以聖人執左契 而不責於人 有
德司契 無德司徹 天道無親 常與善人

註解

- 화(和): 화해(和解)하다. 화목하게 하다.
- 여원(餘怨): 남은 원한, 즉 이미 한 번 큰 원한이 생긴 뒤면 비록 구차
  하게 화해하더라도 마음속에는 반드시 원한이 남아 있다는 것.
- 좌계(左契): 계(契)는 어음(於音)이니 나무로 어음을 만들어서 두 쪽
  으로 나누어, 왼쪽(左契)은 재물을 맡은 자가 가지고, 오른쪽(右契)은
  재물을 받을 사람이 가진다. 좌계(左契)를 가진 사람이 우계(右契)를
  가지고 온 사람에게 재물을 내주는 것이다. 그래서 좌계를 가진 사
  람은 주는 사람, 우계를 가진 사람은 요구하여 받는 사람인 것이다.
- 불책어인(不責於人): 이미 좌계·우계의 근본을 마련하였기 때문에
  원한이 생기지 않고, 또 남을 책망할 일도 없음을 의미한다.
- 철(徹): 고대(古代) 중국 주(周)나라 세법(稅法)의 일종. 여기에서는 세
  금을 반드시 받아들이는 것을 가리킨 것.
- 여(與): 더불어 함께하다. 한편이 된다.

  이 장에서는 앞 장의, 구욕(垢辱)과 나라의 온갖 상서롭지 않은 것을 받고도 자아(自我)를 내세우거나 남과 다투는 일을 하지 않는 것이 어렵다는 것을 거듭 말하고 있다. 사람이란 조그마한 원한도 참기 어려운 것인데, 이미 한 번 큰 원한을 품었다면 비록 겉으로 화해하였더라도 그 남은 원한은 마음속에 도사리고 있을 것이다. 마음속에 원한을 품고 있으면서 어찌 선의를 가질 수 있겠는가.

  그러니 성인은 아예 남과 다투거나 원한이 생길 수 있는 근본을 해소해 버린다. 세상 사람들의 은원(恩怨)은 항상 이해와 득실에서 온다. 성인은 처음부터 좌계(左契)를 가진 사람처럼 주는 일만을 한다. 누구나 우계(右契)를 가지고 요구하면 좌계를 가진 사람은 무조건 내주는 것이다. 은원이 생길 여지가 없다. 그러나 항상 주기만 하는 자가 얻는 것은 손실만은 아니다. 하늘은 항상 선인(善人)의 편에 있기 때문이다.

제80장

나라가 작고 백성이 적으면 감화(感化)시키기 쉽다.

백성들로 하여금 순박하고 검소한 습성을 가지게 만들면 비록 많은 좋은 기물(器物)들이 있어도 사용하지 않을 것이며, 백성들로 하여금 각자의 삶이 즐거워서 생명을 소중히 여기도록 만들면, 그들은 살고 있는 곳에 애착을 가져 먼 곳으로 옮겨 가는 일이 없을 것이다.

그렇게 되면 비록 배와 수레가 있을지라도 그것을 타는 일이 없을 것이며, 비록 갑옷과 무기가 있을지라도 그것을 전진(戰陣)에 사용하는 일이 없을 것이다. 백성들로 하여금 다시 노끈(繩)을 맺어서 글자 대신 쓰던 소박한 고대(古代)와 같은 상태로 복귀하게 할 수도 있을 것이다.

백성들은 나물밥일망정 자기의 음식을 달게 먹으며, 거친 베옷 일망정 자기 옷을 아름답게 여기고, 오막살이집일망정 자기의 집을 안식처로 생각하며, 자기네의 순박한 풍속을 즐겨 할 것이다.

그렇게 되면 이웃 나라가 손에 잡힐 듯이 바라다보이며, 개·닭의 소리가 서로 들리는 아주 가까운 곳에 있을지라도 백성들은 아무런 욕구(欲求)함이 없기 때문에 늙어 죽을 때까지 서로 왕래하는 일이 없을 것이다.

•原文•

小國寡民 使有什佰之器而不用 使民重死而不遠徙 雖有舟輿 無所乘之 雖有甲兵 無所陳之 使人復結繩而用之 甘其食 美 其服 安其居 樂其俗 隣國相望 鷄犬之聲相聞 民至老死 不相 往來

註解 ─────────────────────────

• 즙백(什佰): 즙(什)은 십 배(十倍), 백(佰)은 백(佰)과 같으니 백 배, 즉 많은 수를 표현하는 말.

• 기(器): 기물(器物). 여기에서는 아름다운 기물을 의미한 것.

• 진지(陳之): 벌여 놓는 것.

• 결승(結繩): 노끈을 맺는다는 뜻이니, 옛날 아직 글자가 없을 때에

노끈을 맺어서 의사 표시의 증적(證跡)을 삼았다는 것을 말한 것
이다.

- 불상왕래(不相往來): 서로 오고 가고 하지 않는 것, 여기에서는 백성
  들이 이웃 나라에 욕구(欲求)하는 것이 없기 때문에 오고 가는 일이
  없다는 뜻이다.

· 解義 ·

81장으로 이루어진 도덕경(道德經)도 앞으로 한 장을 남기고
있을 뿐이다. 노자는 이 도덕경의 마지막 장(제81장)에서 스스로
의 감회(感懷)를 말하고 있다. 이 장은 노자가 온통 욕망과 사치
와 침략과 전쟁과 번거롭고 까다로운 행정을 일삼으며, 백성들
이 도탄에 빠져 사방으로 이산(離散)하는 상태를 보고 탄식한
말이다. 만일 자기에게 정치할 기회가 주어진다면 구태여 큰 나
라와 많은 백성이 필요치 않다. 작은 나라와 적은 백성을 상대
하여 자신의 무위자연의 정치를 편다면 도리어 교화시키기 쉬
워서 좋을 것이다. 군주된 자가 욕심 없고 작위함이 없으며, 검
소하고 안정하면 백성들의 풍습도 순박하게 바뀔 것이다. 백성
들로 하여금 소박하나마 각자의 생활에 안정되고 제 나름의 즐
거움을 누리게 하면 백성들은 구태여 사치스러운 것을 찾아 유

리방랑(流離放浪)하지는 않을 것이다. 그렇게 되면 한 평생 자신의 생활을 사랑하여 외국으로 떠나가는 일도 없을 것이다. 그렇게 되면 백성들의 마음은 노끈을 맺어서 글자를 대신하던 고대의 순박하고도 단순한 시대와 같은 상태로 되돌아갈 수 있을 것이다. 거기에는 전쟁이 있을 수 없고, 작위(作爲)와 간모(奸謀)가 있을 수 없다. 사치가 있을 수 없고 욕구 불만으로 날뛰는 일이 없을 것이다. 오직 고요하고 순박하고 자연스러울 뿐일 것이다. 이런 것이 노자의 머릿속에 살아 있는 최소한도의 이상적인 국가일 것이다.

제81장

　믿음성 있는 말은 아름답지 않고, 아름다운 말은 믿음성이 없다.

　선한 사람은 변론(辯論)하지 않는다. 변론을 잘하는 사람은 선한 사람이 아니다.

　참으로 아는 사람은 박식(博識)하지 않다. 박식한 사람은 알지 못한다.

　성인은 자기에게 쌓아 두지 않는다. 비(虛)어서, 있는 것이 없다. 이미 남을 위하여 다 쓰지만 쓰면 쓸수록 자기에게는 더욱더 있게 되고, 이미 남에게 다 주었지만 주면 줄수록 자기에게는 더욱더 많아진다.

　하늘의 도(天之道)는 이(利) 되게 하고 해 됨이 없으며, 성인의 도는 다투지 않는다.

信言不美 美言不信 善者不辯 辯者不善 知者不博 博者不知
聖人不積 既以爲人 己愈有 旣以與人 己愈多 天之道 利而不
害 聖人之道 爲而不爭

註解

* 부적(不積): 자기에게 쌓아 두지 않는다. 성인의 마음은 빈(虛) 것 같
  아서 아무것도 쌓아 둔 것이 없다는 뜻.
* 이이불해(利而不害): 세상일은 이(利)가 있으면 반드시 해(害)가 있는
  것이지마는 하늘의 도는 이롭게 하되 이해관계 아닌 것으로 이롭게
  하므로 해가 따라올 까닭이 없다는 뜻(오증(吳證)의 설).
* 위이부쟁(爲而不爭): 무엇을 한다는 것은 다툼의 단서(端緖)가 된다.
  그러나 성인이 무엇을 하는 것은 무위(無爲)로써 하기 때문에 다툼
  이 일어날 수 없다(오증의 설).

•解義•

이 장은 노자가 오천여언(五千餘言)의 도덕경을 끝마치면서 술

회(述懷)한 말이다. 노자는 이렇게 말하면서 결말을 지었다.

"나의 이 도덕경에 나오는 말들은 아름다운 말들이 아니다. 그러나 믿어도 좋은 말들이다. 원래 미더운 말은 아름답지 않으며, 아름다운 말은 믿음성이 없는 것이다. 선한 사람은 자신의 주장을 옳다고 변론하지 않는다. 변론한다는 것은 이미 자기를 고집하여 다투는 일의 일종이니 선이 아닌 것이다. 나의 말에는 광범위한 지식을 동원한 것이 없다. 오직 도(道)를 이야기하였을 뿐이다. 원래 널리 안다는 것은 깊이 알지 못한다는 말과 같은 것이다. 깊이 아는 것만이 참으로 아는 것이다. 모르는 것 없이 다 안다는 사람은 실은 한 가지도 진정으로 아는 것이 없다. 나는 내가 생각하고 있는 것을 이 도덕경(道德經)에서 남김없이 다 말했다. 나에게는 나 혼자만을 위하여 쌓아 둔 것이 없다. 원래 성인의 마음은 빈(虛) 것 같아서 아무것도 쌓아 두는 것이 없는 것이다. 모든 것을 기울여 남을 위하여 제공한다. 그렇게 남에게 모든 것을 주건마는 주면 줄수록 자신에게는 더 많아진다. 쌓아 둔 것이 있어서 남에게 준다면 반드시 줄어들 것이지만 덕은 쌓아 둔 것이 없고, 빈 것이며 무(無)이기 때문에 아무리 써도 줄어드는 일이 없다. 나의 도는 곧 하늘의 도인 것이다. 하늘의 도는 사람을 이(利)되게 하여 해가 따라오는 일이 없다. 세상의 모든 일은 이(利)가 있으면 반드시 해도 있게 마련이지마는 하늘의 도는 이(利)만 주고 해는 주지 않는다.

또 성인의 도는 무위(無爲)를 하기 때문에 다투는 일이 없는 것이다. 성인이 남과 다투지 않으니 남이 성인과 다툴 수가 없는 것이다."

노자는 이 도덕경에서 이(利)를 주되 해는 따라오지 않는 하늘의 도(道)와, 무위의 정치를 하기 때문에 다툼이 없는 성인의 도를 가르친 것이다.